La Part en trop

Éditions Verdier
11220 Lagrasse

DU MÊME AUTEUR
CHEZ LE MÊME ÉDITEUR

Œuvres théâtrales
en trois tomes

La Journée d'une infirmière

Notre tranchée de chaque jour

L'Enfant-Rat

Gatti à Marseille
un livre
Le Cinécadre de l'esplanade Loreto
pièce d'Armand Gatti
Mais pourquoi avec Rapagnetta sur les bras?
par Michel Séonnet
accompagné de deux cassettes vidéo

Armand Gatti

La part en trop

Préface de Michel Séonnet

VERDIER

© Éditions Verdier, 1997.
ISBN : 2-86432-272-2

Préface

On plante un mot et il pousse un oiseau[T*].

Inventer le feu de toutes pièces

Une fois encore, c'est comme si tout recommençait à zéro, au premier mot, au premier geste de l'écriture tentant de faire incursion sur la page encore vide. Comme si écrire n'avait pas de passé, pas d'expérience, et qu'il faille en inventer et la possibilité et les formes.
Et pourtant ce n'est pas la première aurore. Le monde n'en est pas à ses balbutiements. Il pèse sur l'attente des mots de tout son poids d'histoire, d'événements. Il y a eu des hommes. Il y a eu des villes. Il y a eu des livres aussi, des films, des images. Surtout : il y a eu un siècle, et dans ce siècle une bataille. Perdue ? Gagnée ? Pour l'heure, nul ne le sait. Pas même l'homme qui face à tout cela – les monuments, les ruines, les visages et les chants – prend le risque de réinventer l'écriture.
Il dit :
Le froid s'installe toujours
autour des histoires à raconter.
Nous faisons des signaux.
Comme ces alpinistes
perdus dans la montagne
en attente de secours.
Nous devons inventer

---

* Les abréviations P S et T utilisées en supérieur renvoient aux trois parts du texte :
[P] pour le *Poème cinématographique*, [S] pour le scénario *Entretiens avec le Poème*, et [T] pour la pièce de théâtre *Le Passage des oiseaux dans le ciel.*
Par ailleurs, les *Œuvres théâtrales* (Verdier, 1991) ont été abrégées en Œ Th I, II, III. *Le passage des oiseaux dans le ciel* figure dans le tome III.

le feu de toutes pièces.
Arrivera le moment où
le destin de l'humanité
dépendra de ce feu – avec
les alphabets et ses écritures
et la page blanche en fête ᵀ.
Il en est là.
Avant l'invention du feu.
Avant l'invention de l'écriture.
(Même blancheur du froid et de la page.)
Pourtant il a lui-même déjà beaucoup écrit (plus d'une quarantaine de pièces de théâtre). Il a fait des films (six, sans compter nombre de scénarios écrits mais jamais réalisés). Il a connu la plupart des pays du monde, quelques-unes de ses guerres, de ses prisons, quelques-uns de ses maquis. Tout porte à croire qu'il est arrivé à l'âge (la soixantaine) où, nanti d'un bon pactole de mots, de visages, d'événements patiemment capitalisés, il pourrait en tirer le bénéfice, faire des bilans, écrire des mémoires.

Et c'est d'ailleurs ce qu'on lui demande en ce début des années quatre-vingt.

À plusieurs reprises.

Il ne dit pas non.

Et c'est comme cela qu'il finit par se retrouver frottant des syllabes les unes contre les autres, au pied de la première page. Seul, face à l'énigme d'un mot, pronom personnel de son état : « Je ».

À la demande d'« autobiographie » formulée par un éditeur, Gatti répond par un manuscrit gigantesque *La Parole errante*, qui laisse pantois l'éditeur en question [1].

À la demande de « biographie cinématographique » formulée par le Bureau multimédia du ministère des Affaires étrangères, Gatti répond par un poème : le *Poème cinématographique dont le titre pourrait être L'Internationale.*

---

1. L'éditeur ne voudra pas publier ce texte. Mais Gatti ne cessera d'y travailler. Il y en aura plusieurs versions. Jusqu'à celle de 1996 que l'on peut considérer comme finale, et dont les éditions Verdier préparent la publication : un manuscrit de plusieurs milliers de pages réunies sous le titre provisoire de *Léonard de Vinci désigné comme auteur par les mots eux-mêmes.* Quant au titre de la première version, *La Parole errante*, il deviendra le nom générique sous lequel, désormais, se dérouleront toutes les créations de Gatti. C'est aussi sous le titre, *L'Aventure de la parole errante*, que Marc Kravetz publiera un livre d'entretiens avec Gatti.

PRÉFACE

IL M'A SEMBLÉ QUE LE POÈME ÉTAIT UNE FAÇON DE S'ENFERMER SUR SOI [2]

Dire « Je » n'est rien – c'est la banalité des interviews, des entretiens. Mais l'écrire ? Écrire : « Je… » et tout ce qui va après ? Il faut faire halte pour écrire « Je ». « Je » ouvre une parenthèse. Une marge. C'est un mot que Gatti n'a jamais confié qu'à l'intime du poème. Car bien avant d'être un dramaturge, un cinéaste, Gatti est un poète. Profondément. Radicalement. Son univers est un univers de mots. Mots à convoquer. Mots à assembler. Mots qui créent et réinventent ce qu'ils nomment. « Au commencement était le Verbe… » : le début de l'Évangile de Jean est pour lui première parole de l'acte de création.

Pourquoi, alors, le théâtre ? Puis le cinéma ?

En revenant du camp de déportation, j'ai commencé à écrire. Et c'était le poème. Je ne cherchais pas à écrire pour écrire. C'était toujours des moments exceptionnels. Puis le problème s'est posé : est-ce que c'était la bonne réponse pour entrer en contact avec l'autre ? Une des premières expériences de langage qui s'est imposée, c'était comment traduire l'expérience concentrationnaire. J'avais l'impression que soit le langage était impuissant à traduire ce type d'expérience, soit c'était moi qui en tant qu'utilisateur de ce langage étais incapable de dire ce que j'avais vécu. [...]
C'est là qu'a commencé pour moi la question du rapport entre événement et expression, comment l'événement et l'expression se rencontrent, peuvent se rejoindre, comment avec l'un atteindre l'autre. Il m'a semblé que le poème était une façon de se renfermer sur soi-même. Il fallait élargir le discours à l'autre. Alors j'en suis venu à une forme qui était le théâtre [3].

L'Enfant-Rat, sa première pièce sur l'univers concentrationnaire, est publiée en 1959. Et dès l'année suivante, il tourne *L'Enclos*.

On pourrait croire que la page est tournée. Qu'il s'en tiendra désormais au théâtre et au cinéma. Mais lorsqu'en 1962 est publié un montage d'images et de dialogues de ce film [4], le livre est accompagné d'une grande feuille pliée en huit sur laquelle se déploient, éclatés, en vagues, les mots d'un poème intitulé lui aussi *L'Enclos*.

---
2. Gatti, *Journal illustré d'une écriture*, Artefact, 1987, p. 144.
3. *Ibid.*
4. Armand Gatti, *L'Enclos*, Fayard, 1962.

C'est la première apparition publique du travail clandestin du poème dans l'œuvre de Gatti. Ce ne sera pas la seule. Parce que « Je » finit toujours par exiger son dû – l'effort de conscience est à ce prix. Parce que seul l'intime du poème est capable de l'accueillir.

Je me disais : Nous
sommes des satellites
sans savoir autour de quoi
nous tournons
Nous sommes des satellites habités
Un homme qui tombe
c'est la création
qui s'écroule
Mais nous continuons à tourner
avec le poids
de ceux qui s'en vont.

Mais « Je » ne vient jamais seul. On écrit « Je », et « Tu » est déjà sur la feuille – et tous les autres derrière : les « Nous », les « Vous », les « Ils », tribu indissociable affichant toutes les caractéristiques d'une distribution (théâtrale ou cinématographique) en cours. On écrit « Je », et le poème ressemble déjà à une pièce de théâtre. C'était déjà ainsi dans *L'Enclos*.

Face à « Je », il y avait « Tu » – le père :
Ainsi je sus en quoi tu étais mon père.
Tous tes morts j'en ai hérité.

Il y avait « Eux » – les compagnons du père, devenus ceux de « Je » depuis la mort du père :
Eux
parfois me rejoignaient
au bout
du monde.

Il y avait « Nous » :
Cent nuits, nous avons fait ensemble
le trajet de la dernière.

Mais entre les pronoms ne naissait alors aucune véritable dramaturgie. Des années plus tard, en exil à Berlin, Gatti aura de nouveau recours au poème. Ce sera *Les personnages de théâtre meurent dans la rue* [5]. « Je », à nouveau, est sur la sellette :

---

[5]. Écrit en 1972, ce poème n'a été publié qu'en 1996 dans la revue *Axolotl*, 11 rue des Récollets, Paris.

Ils sont (combien de Gattis)
alignés sous le soleil noir
de cette vérité préalphabétisée
personnages d'un théâtre
d'une autre époque
venus pour saluer
et brusquement figés par la confusion des temps
Je multipliés devant ce mur
sans savoir où se trouve leur époque
(en amont ?
en aval ?)
Sur quelle planète ?
en quel siècle ?
Mais ici, le jeu des pronoms personnels devient vite nerf d'écriture. Ce n'est pas véritablement du théâtre. La limite est respectée. Mais les pronoms font naître des dialogues à l'intérieur même du poème :
Tu
Demande : Georg ? De quoi est-il mort ? Et Petra ?
Réponse : Si c'est de l'absence de l'homme, peut-il y avoir une réponse [...]
Devant la demande
et la réponse
Je Vous
les bras en l'air
en signe de reddition.

Il en sera de même cette fois-ci encore. Pour que « Je » soit écrit, ce sera un poème. Et puisqu'il s'agit d'un « Je » cinéaste, ce sera donc un *Poème cinématographique*. Lorsque « Je » se présentera sous les projecteurs de la page blanche, il sera accompagné de sa tribu de pronoms personnels. Le dialogue commencera. Jusqu'à faire du poème une pièce de théâtre.

L'AUTRE JE. — *Vous venez pour le poème ?*
GRAND JE. — *Pour le poème cinématographique.*
MOYEN JE. — *On n'a pas encore réussi à comprendre si c'était écrit ou filmé.*
TU PARLÉ. — *Ce sera de l'écrit sur du filmé... Notre rôle risque d'être plus important encore* [6].

---

6. *Le Passage des oiseaux dans le ciel*, première version.

« Je », tel celui des *Personnages de théâtre meurent dans la rue – Je multipliés devant ce mur –*, s'est révélé pluriel.
Et aussitôt les autres pronoms personnels en ont profité.
Jusqu'à constater qu'à eux tous ils pouvaient endosser sans difficulté les différents rôles d'une production cinématographique (le scénariste, les personnages, le comédien, l'équipe technique, le producteur, et même le spectateur). Jusqu'à laisser entendre que le cinéma ne serait qu'une affaire de pronoms personnels.

Y ANNONCE DE RÉEL — *Vous pensez qu'un pronom personnel peut avoir une influence sur le cinéma ?*
NOUS IMAGE — *Capitale ! [...] Le cadrage au cinéma, c'est toujours les pronoms personnels. [...] Le cadrage est fait de trois pronoms personnels : Je, Vous, Il... Je, celui qui parle et détient le langage... Vous, ceux à qui il s'adresse. [...] Quant à Il, c'est celui dont Je entretient Vous* [T].

Aussi, est-ce peut-être tout d'abord sous le signe de l'évidence qu'il faut aborder la réunion des trois textes rassemblés ici – un poème, une pièce de théâtre, un scénario.

1. Pour que « Je » puisse être écrit, il faut que ce soit un *poème* ;
2. Mais dès que « Je » est écrit, tous les autres pronoms personnels accourent et le poème devient *théâtre* ;
3. Quand ils deviennent personnages de théâtre les pronoms personnels prennent conscience qu'ils sont ceux par qui le *cinéma* existe.

Par trois fois, les pronoms vont donc s'aventurer sur la page blanche du poème (cinématographique) à écrire. Leur fonction ?
Être les porteurs des mots d'un poème souffert par un réalisateur de notre temps sur les difficultés d'être du cinéma et de son siècle [T].

ÊTRE SOI C'EST SE CONDAMNER À LA MUTILATION [S]

Celui qui se tient au pied de la page blanche a fait sienne la bénédiction gravée dans le Livre : « Allez et multipliez. » Mais c'est aux mots qu'il l'adresse. La possibilité du feu, c'est de ces multiplications répétées qu'il espère la tenir. Toute chose créée – arbre, femme, poème, chien, homme, étoile, œil, etc. – est faite pour entrer dans une multiplication. Soit elle multiplie, soit elle est multipliée. La seule ponctuation qu'autorise l'écriture, c'est le signe de multiplication.

D'où (1) ce texte, multiplié par trois : une part poème, une part scénario de film, une part théâtre.

D'où (2), pour être plus précis encore : ce poème – multiplié par ses propres pronoms personnels et devenant *Poème cinématographique*, titre relevant bien évidemment d'une forme grammaticale nouvelle (et typiquement gattienne) dont il faudra désormais tirer conséquence : cinématographique n'y est pas épithète du mot poème, mais son multiplicateur (poème multiplié par cinéma).

D'où (3) l'obligation d'entrevoir autrement que sous l'habituel registre de l'adaptation (adaptation d'un genre à un autre, d'un média à un autre, comment plier, découper, tailler le poème pour qu'il devienne film, théâtre) le rapport qu'entretiennent ici ces trois possibilités de textes. Car précisément : Gatti n'adapte rien – et s'adapte encore moins ! Sa grande affaire, c'est la bataille. Dont la multiplication n'est peut-être qu'une des formes. Au sens strict : Gatti est quelqu'un qui cherche la bagarre. Et c'est pour cela que partout où l'accalmie serait possible, le consensus, l'adaptation, il vient jeter le trouble, le combat, le feu. Souvenons-nous que celui qui se plaît à reprendre la parole du guérillero guatémaltèque Yon Sosa – « L'arme décisive du guérillero, c'est le mot » – fut maquisard, parachutiste, combattant. Et que si ses différentes instructions militaires ne l'ont pas conquis au métier de guerrier, il en a au moins transporté bien des techniques à l'intérieur de la guerre des mots.

Certes, si l'on s'en tient à la chronologie, il y eut d'abord un poème : *Poème cinématographique dont le titre pourrait être L'Internationale*; puis un scénario de film[7] : *Entretiens avec le Poème cinématographique et ses pronoms personnels menés par trois villes, Paris, Berlin, Barcelone, un village des collines du Pô, Pianceretto, un camp de concentration, Mauthausen, et un non-lieu, Monaco*; enfin une pièce de théâtre – ou plutôt deux. Une première version sous le titre générique : *Le Poème cinématographique et ses pronoms personnels*; puis une deuxième, mise en scène par Gatti à Montréal et réécrite, sous le titre : *Le Passage des oiseaux dans le ciel*, en fonction de la réalité québécoise et des étudiants qui devaient l'interpréter[8].

---

7. Réalisé en 1989 par Stéphane Gatti.
8. Cf. Madeleine Greffard, « *Le passage des oiseaux dans le ciel*, la réécriture d'un texte, ses contraintes et son sens », in *Théâtre sur paroles*, L'Éther vague/Patrice Thierry.

Gatti réécrit ses textes. Chacune de ses pièces connaît plusieurs versions. Et l'éditeur sait bien qu'il est préférable de ne pas lui soumettre pour lecture un texte ancien que l'on souhaite republier. Car aussitôt, l'homme se remet au pied de la page, et entreprend de tout réécrire. Mais dans tous ces cas-là, la réécriture se fait de théâtre à théâtre. Non pas, comme ici, d'un genre à un autre [9].

Trois genres pour un même texte ?

C'est le syndrome de la « part en trop ».

Un syndrome dont le passeur libertaire El Maño est tout à la fois le modèle – et la victime :

(Une part libertaire en exil aux quatre coins du monde
une part combattante sur l'horloge espagnole
une part émigrée vers d'autres combats
une part emprisonnée dans les passages des montagnes
une part coincée dans les strophes de L'Internationale...*)*
Chaque fois il y a une part en trop [p].

Ou bien, dit autrement, lorsque les mots essaient de devenir plumes d'oiseaux :

(Une part engoulevent de l'été de l'anarchie. Une part alouette montant à la verticale des lieux de la tuerie. Une part oiseau migrateur faisant le tour du monde. Une part rouge-gorge dans la rigueur hivernale... Toujours une part en trop [s]*.)*

Une « part en trop » – c'est toujours le reproche fait à celui qui, au moment de choisir, s'obstine et dit : « Je prends tout. »

Le but ? Multiplier les possibilités d'en découdre.

Poème, cinéma, théâtre : les mots entrent sur la page blanche comme sur une aire de combat (que le théâtre les multiplie à son tour en postures de kung-fu n'est peut-être qu'un indice de plus [10]). Ils viennent y chercher la bataille.

---

9. Même s'il y a des exceptions : *L'Émission Pierre Meynard* et *Opéra avec titre long*, scénarios de films devenus pièces de théâtre. Mais dans ces deux cas, c'est l'impossibilité de réaliser le film qui a provoqué l'écriture théâtrale.
10. C'est lors de la mise en scène du *Passage des oiseaux* à Montréal que, pour la première fois, Gatti eut recours à la gestuelle du kung-fu afin d'arracher les personnages-pronoms personnels à toute tentation de jeu psychologique. C'est une technique qu'il a depuis appliquée à chacun de ses spectacles.

APPRENDRE À UN FILM À CIRCULER SUR DES PAGES BLANCHES

Au moment où il écrit ce texte (multiplié par trois), Gatti a réalisé quatre longs métrages de cinéma : *L'Enclos, El Otro Cristobal, Der Übergang über den Ebro, Nous étions tous des noms d'arbres*. Il a aussi réalisé deux séries de films vidéo : *Le Lion, sa cage et ses ailes, La Première Lettre* [11]. Et pourtant, le sentiment qui domine est celui d'une incompréhension. De rendez-vous manqués.

En 1960, Gatti marque son entrée dans le cinéma par un film aussitôt encensé par la critique, couronné de prix : *L'Enclos* (un des tout premiers films sur les camps de concentration). Dans l'élan, il part à Cuba pour tourner *El Otro Cristobal* (1963). Un film baroque, extravagant, dans lequel tout un village se lance à l'assaut du ciel pour chasser le dictateur qui s'en est emparé. Rires, chants, féerie, images de combats comme en des toiles d'Uccello, baleine dans le ciel prisonnière du Cheval et du Taureau de la Conquête, et sur la terre l'âpre lutte de paysans face aux chants de crooner des conférenciers US se partageant le monde. Un film intense. Qui réunissait tous les éléments d'une incompréhension quasi généralisée. Si l'incompréhension « de droite » était attendue (Gatti ne cachait pas son soutien à la révolution cubaine), celle de ceux qu'il considérait comme « les siens » fut beaucoup plus difficile à accepter. Ils lui reprochaient d'avoir fait un film à l'intérieur même de la révolution cubaine sans avoir rendu compte de la situation politique et militaire du moment (le blocus US, la baie des Cochons, la menace de guerre atomique). Or justement : ce qu'avait voulu Gatti, c'était trouver une esthétique cinématographique à la hauteur de ce que représentait pour lui la révolution cubaine. On l'attendait dans le réalisme, il la cherchait dans le lyrisme, le mythique, le merveilleux. Il dit avoir repoussé, par la suite, un certain nombre de propositions qui, elles, ne s'intéressaient, justement, qu'à l'exotisme de ce merveilleux-là.

Dans les années qui suivirent, Gatti écrivit plusieurs scénarios. Un seul – après bien des péripéties – deviendra film : *Die Übergang über den Ebro* (1970). Tous les autres sont refusés. *L'Affiche rouge* (1965), sur le groupe Manouchian. *Les Katangais* (1974), sur ces anciens

---

11. Pour une filmographie détaillée de Gatti, cf. l'ouvrage édité par Arcanal : *Armand Gatti, Les films, 1960-1991*, ou Œ Th, III.

mercenaires qui occupèrent la Sorbonne en 1968. Pour aucun de ceux-là Gatti ne trouva les aides et les financements nécessaires.

On pourrait passer tout cela sous silence en considérant que c'est chose assez commune dans le cinéma. Mais Gatti y verra une obligation de changer de terrain. Sans doute parce qu'il comprend que ces refus ne sont pas circonstanciels. Que ce qu'il cherche dans le cinéma (ce qu'il cherche à dire, comment il cherche à le faire) est d'une certaine manière incompatible avec l'industrie cinématographique.

C'est d'ailleurs à cette même époque qu'il achève sa rupture avec l'institution théâtrale.

Mais il ne va pas pour autant cesser de filmer. Il dira :

Avec le refus des Katangais, *on s'est alors senti dans l'obligation de ne pas accepter tout le temps cette guillotine qui tombait régulièrement. Si nous n'arrivions pas à trouver un langage commun avec le système, il fallait tourner la chose* [12].

Ainsi va s'opérer le passage à la vidéo. À Montbéliard, d'abord (*Le Lion, sa cage et ses ailes*, 1975). Puis à L'Isle d'Abeau (*La Première Lettre*, 1978).

Montbéliard,

c'était la première expérience de ce type que nous avons vécue comme écrivains publics. Ce qu'il y avait de particulier, c'est que toutes les distinctions qui font presque cartes postales – l'auteur, le metteur en scène, le comédien – toutes ces distinctions disparaissaient. Les mots des uns devenaient les mots des autres. [...] C'était une écriture dirigée vers les autres [13].

C'était une autre manière de faire des films. Qu'il ne cantonnera pas dans l'usage de la vidéo puisque, en 1981, c'est un film de cinéma, *Nous étions tous des noms d'arbres,* qu'il réalise sur des bases proches – avec d'autres : ici, avec les jeunes chômeurs de Derry, en Irlande du Nord. De même, en 1983, il écrira *Opéra avec titre long* qu'il veut réaliser avec les habitants de la région de Toulouse. Faute de financements, le scénario deviendra pièce de théâtre (sans doute une de ses pièces les plus importantes) [14].

Au-delà de leur aspect anecdotique, ces péripéties témoignent au moins de l'intérêt que Gatti porte au cinéma. Il aurait très bien pu

---

12. Gatti, *Journal illustré d'une écriture*, p. 169.
13. *Ibid.*
14. Œ Th, III, p. 575.

ne pas persister et se contenter de poursuivre son travail d'écrivain de théâtre. Or il insiste. Plus, même : il installe le cinéma sur scène. En disciple de Piscator, lorsqu'il inclut dans ses mises en scène des projections cinématographiques (ce sera entre autres le cas dans *Chroniques d'une planète provisoire*[15]). Ou plus radicalement, lorsque, plus tard, dans *Le Cinécadre de l'esplanade Loreto*[16], c'est par sa possibilité d'être ou ne pas être reçu à l'intérieur du cadre cinématographique qu'il tente de dire le fascisme italien. C'est d'ailleurs peut-être essentiellement cela qui l'intéresse. La question du cadre. Qu'est-ce qu'il y a dans le cadre ? qu'est-ce qui est en dehors ? La question de la succession et de l'(impossible ?) simultanéité des cadres. Ce qui l'intéresse (comme au théâtre) c'est ce qui ne tient pas dedans, ce qui déborde, ce qui résiste à la mise en cadre. Toujours la « part en trop ».

Paradoxe gattien : les seules images qui comptent sont celles qui peuvent accueillir ce qui, précisément, ne tient pas dans l'image. D'où la bataille. Bataille à l'intérieur du cadre pour tenter de cadrer la bataille du siècle.

La bataille du siècle

Bien sûr, ce n'est pas une découverte. On sait de quels combats, de quels camps, les personnages de Gatti sont les ressortissants. En ferait-on la liste que l'on se trouverait confronté à une sorte de monument aux morts, une stèle de noms non pas commémorative, mais défiant l'absence et la mort – litanie toujours reprise où chaque appel de nom invite à répondre « présent », vieille rengaine des combats de libération de ce siècle : « Là où un camarade tombe, dix autres sont là pour ramasser son fusil. »

Gatti, lui, ce sont les mots qu'il recueille. Leurs mots. Éclats du grand rêve solaire – « prolétaires de tous les pays… ». Survivances de la grande affaire de ce siècle : construire la fraternité universelle des peuples. Tous les personnages de Gatti ont sacrifié quelque chose de leur vie à cette espérance – toujours défaite, toujours remise sur l'ouvrage. Il n'a jamais écrit que pour leur *donner asile*, pour leur *donner un instant de plus à vivre*.

---

15. Œ Th, I, p. 621.
16. Œ Th, III, p. 1275.

À battre des ailes dans nos génériques
combien d'ombres portées
de fondateurs de républiques d'un jour
de façonneurs d'égalitarismes coupeurs de têtes
de fabricants d'horloges
où les aiguilles sont toujours plus nombreuses que les chiffres ?
Mammouths à un seul titre
celui de l'absolue solitude pour savoir mourir
debout
sur toute l'étendue du siècle[T].

Et une fois encore, ce sont ceux-là qui vont être convoqués.

Avec la particularité, ici, qu'il s'agira moins de personnages sortis de possibles livres de l'histoire du siècle, que d'hommes et de femmes appartenant d'une manière ou d'une autre à l'histoire personnelle de Gatti.

Ce sont les siens.

Auguste Gatti,
le père Élie [17],
ceux du camp,
Rosa Luxemburg,
Ulrike Meinhof,
d'autres encore.

Tous requis pour être les interlocuteurs de « Je » interrogeant les ressacs du siècle à l'intérieur de sa propre histoire :
l'enfance à Monaco,
le maquis de la Berbeyrolle et l'arrestation,
la déportation,
l'expérience cubaine – et le tournage du film *El Otro Critobal,*
l'exil berlinois,
les tentations ouvriéristes,
les fraternisations avec les tenants de la lutte armée.

Tous sont rappelés ici, autour des feuilles blanches devant accueillir ce texte (multiplié par trois) pour tenter, à travers leurs vies, leurs attentes, leurs impasses, de reconstituer le *portrait robot de la bataille.*

Mais de quelle bataille s'agit-il ?

---

17. L'homme qui accueillit Gatti dans le maquis, puis à son retour d'évasion. Il apparaît ici sous le nom d'Élisée.

GRAND JE. — *C'est toujours la même qui recommence.*
VOUS ASSIS À LA RECHERCHE DE VOUS DEBOUT. — *Si nous devons la retrouver partout, autant l'expliquer, et dire ce qu'elle représente.*
PETIT JE. — *Impossible.*
VOUS ASSIS À LA RECHERCHE DE VOUS DEBOUT. — *Et pourquoi ?*
PETIT JE. — *Elle change toujours d'identité.*
GRAND JE. — *Plus elle recommence, plus elle se reproduit. Et plus elle se reproduit, plus elle change*[T].

Un seul nom peut accueillir les multiples changements de la bataille : l'Internationale. *(Cette Internationale qui deviendra la bataille de Je jamais terminée, toujours recommencée.)* C'est donc autour de ce nom que tous sont convoqués – « Je » convoque « Eux » pour qu'ils convoquent l'Internationale. C'est autour de ce nom que l'écriture se fait multiplication – *Je* (multiplié par) *Eux* (multiplié par) *l'Internationale* (égale) le poème. Mais pour raconter quoi ?

Il s'agit de convoquer des pronoms personnels à participer à l'écriture d'un poème sur la bataille menée par les Brigades internationales en Espagne, la bataille de Jarama. Cette bataille va se trouver agrandie, transportée dans le siècle, à la Résistance, aux camps de concentrations et aux luttes sociales du siècle.

Pour Gatti, la guerre d'Espagne c'est le haut lieu de la bataille du siècle. Son combat décisif. Celui qui lui confère son nom – l'Internationale. C'est là que tout s'est joué. Que tout s'est perdu. C'est à partir de là que tout s'est continué[18].

ELLE MASSMÉDIATE. — *C'est quoi* L'Internationale *au-delà des Pyrénées ? [...]*
PETIT JE. — *En voici le portrait-robot. Retrouver le combattant dans cette bataille c'est retrouver la bataille entière. [...]*
NOUS SCRIPTE. — *Le portrait-robot de la guerre civile espagnole n'est sorti de la prison de Barcelone sous la République que pour entrer dans une prison française sous une autre République. Il n'a franchi le seuil de la prison française que pour partir à destination du camp allemand. C'est à l'échelle mondiale qu'il s'est trouvé seul. À l'échelle mondiale qu'il a continué à se battre.*
L'AUTRE JE. — *À l'échelle mondiale qu'il continue à être seul*[T].

---

18. Les répliques suivantes sont quasiment identiques à celles écrites bien des années auparavant dans *La Passion en violet, jaune et rouge* (Œ Th, I, p. 1161) et reprises dans *La Passion du général Franco par les émigrés eux-mêmes* (Œ Th, II, p 1 249). À elle seule une telle constante suffirait à établir à quel point la guerre d'Espagne est pour Gatti l'événement du siècle, tout le reste n'en étant que le commentaire.

Il n'y a aucune volonté de théorisation dans cette permanence de la guerre d'Espagne. Simplement l'expérience de « Je ». La guerre d'Espagne était présente dans la cuisine familiale du bidonville de Monaco – Auguste accueillait les brigadistes de passage. La guerre d'Espagne conduira Gatti jusqu'au maquis – il en suivra ses filières. Il retrouvera les Espagnols dans le camp de concentration.

Ils seront encore là, après la guerre, au moment des rencontres décisives.

Espagnols de Cuba – lors du tournage d'*El Otro Cristobal*[19].

Espagnols accompagnant *La Passion en violet, jaune et rouge* et son interdiction, à Paris, en octobre 1968.

Espagnols de Berlin autour desquels sera écrit le film *Übergang über den Ebro (Le Passage de l'Èbre)*.

Espagnols du film *Le Lion, sa cage et ses ailes*, à Montbéliard – le torero Vicente Ripoles devenu ouvrier métallurgiste par refus du franquisme.

Et ici, dans ce texte, El Maño, Espagnol de Toulouse, que Gatti rencontre lorsqu'il y crée, en 1983, l'Atelier de Création Populaire, L'Archéoptéryx. Pendant toute la guerre d'Espagne, et bien longtemps après, El Maño n'a cessé de passer clandestinement les Pyrénées – passeur d'hommes, de livres, de messages. Les cols sont devenus son territoire. Et Gatti décide de le suivre. De faire un film de ses passages. Le film ne sera jamais terminé. Mais c'est sans doute au cours de ces tournages que l'interrogation se fera violente. Suivre El Maño, filmer El Maño – mais pour recueillir quoi dans la poussière des images ?

Au bout des trajets d'El Maño, un nom, une bataille, semble pouvoir dire l'Internationale à l'intérieur de la guerre d'Espagne : Jarama. Mais c'est un nom porteur d'une terrible ambiguïté. C'est à Jarama que l'Internationale a peut-être connu son apogée. En février 1937, la 15e Brigade internationale y est engagée. Elle est composée de volontaires de vingt-six nations. Bataillon britannique. Bataillon franco-belge. Bataillon des Balkans. Bataillon Abraham Lincoln, avec des volontaires Noirs dans ses rangs. Mais c'est aussi à Jarama que l'Internationale fut victime de la plus cruelle dérision puisque c'est en chantant *L'Internationale* que des Marocains de l'armée franquiste prirent par surprise et exterminèrent une compagnie anglaise :

---

19. Ils deviendront personnages de théâtre dans *Notre tranchée de chaque jour* puis dans *La Passion en violet, jaune et rouge*.

En face, on chante L'Internationale *en trois langues pour tromper ceux qui la chantent en douze* ᴾ.

Difficile alors de ne pas penser que les mots et les personnages convoqués autour du nom de Jarama l'ont été pour un adieu à l'Internationale. Avec le sentiment que dire adieu à l'Internationale, c'est dire adieu au siècle – et donc, aussi, adieu à la bataille.

Au bout des trajets d'El Maño, de l'autre côté des Pyrénées, il n'y a pas que Jarama. Il y a aussi tous les personnages tutélaires de l'anarchie espagnole – et des mythologies gattiennes : Durruti, Ferrer, Ascaso. Tous sont bien là. On pourrait dire : comme d'habitude. Mais ils semblent tellement silencieux. À l'appel de leur nom, plus rien ne bouge.

La caméra ne peut que venir s'arrêter sur la radicalité des sentences qui accompagnent ce silence. Comme à Jarama :

La bataille, tous croient l'avoir gagnée
eux seuls l'ont perdue.

Puis :

La parole en langues de feu,
nous a légué le syllabaire de cendres.

Au lieu de le reconduire sur les hauts lieux de l'utopie libertaire, les parcours d'El Maño entraînent Gatti vers les hauts lieux de ses « cendres ». Là où l'on est obligé d'avouer : *Le réel nous abandonne.*

Il y a douleur.

Il y a blessure.

Mais il y a un cri : *Jamais un drapeau blanc n'abolira la bataille*ᴾᵀ.

Malgré les *cendres,* malgré le froid qui menace de tout figer, malgré les anecdotes qui envahissent tout, malgré le *drapeau blanc* : la bataille continue : *Nous contre toutes les évidences*ˢ.

Ce film, n'était-ce pas la mort de l'Internationale ᴾ ?

La part poème de ce texte (multiplié par trois) a été écrite en premier. Des lieux y étaient nommés. La part scénario imposa de se rendre sur place pour en ramener des images. Et les images firent naître une nouvelle écriture. Une écriture des lieux. La multiplication de l'écriture par les lieux eux-mêmes.

Ainsi de Monaco – les images ont fait le lien entre Auguste (le père) et Auguste (l'empereur dont la tour, tour d'Auguste de la Turbie, domine la villeˢ).

Ainsi des collines du Piémont – elles ont conduit au mont Sacré de Créa et ont réintroduit, par ses pèlerinages, le visage de Laetitia, la mère [20].

Ainsi de Berlin [s] – les mots du poème y ont entraîné l'équipe de tournage pour y mesurer
Quelle distance, en rues de Berlin
peut séparer
le mot lumière
de la lampe tempête du mouvement ouvrier [p] *?*
C'est, une fois de plus, le rendez-vous avec Rosa Luxemburg et la révolution spartakiste. Le retour dans une ville où Gatti a vécu (au début des années soixante-dix). Où il s'est mêlé à la contestation allemande. Lié d'amitié avec Ulrike Meinhof.

Inévitablement, le tournage entraîne l'équipe sur la tombe d'Ulrike [s]. Mais à vouloir faire entrer Berlin dans les images, les mots du poème ne pouvaient qu'y retrouver ceux d'un autre poème, écrit à Berlin – *Les personnages de théâtre meurent dans la rue* :
Combien savent que Berlin n'est pas une ville, mais une heure, la 19ᵉ, répétée avec obstination vingt-quatre fois par jour ? [...]
Gare de Friedrichstraße, dans une lumière de morgue, tous les soirs à 19 heures, j'ai attendu Rosa L. Je voyais passer des convois entiers de machines révolutionnaires. Mais je ne savais pas que c'étaient les quatre voyelles du mot révolution qu'on envoyait à la casse [21].

Retrouvant les rues de Berlin, les mots retrouvaient leurs propres empreintes, les traces qu'ils y avaient laissées. Là où la question du double avait été soulevée :
Chaque mot
chaque idée
chaque symbole
possèdent à Berlin
une fiche
d'agent double [22]

---

20. L'écriture du *Poème cinématographique* a entraîné Gatti sur les chemins de Laetitia. Il ne s'arrêtera pas là. Autour de ce haut lieu de la mère qu'est le mont Sacré de Créa, il écrira aussitôt après *Ton nom était Joie*, un poème que Stéphane Gatti mettra en image (1987). Dans le même mouvement, Gatti écrira deux poèmes-en-attente-de-devenir-films. L'un, *L'homme qui volait avec des plumes de coq*, est consacré à l'émigration tumultueuse d'Auguste aux États-Unis (à Chicago en particulier). L'autre, *Docks*, à l'émigration à Marseille de Salvatore, le grand-père.
21. *Les personnages de théâtre meurent dans la rue*, Axolotl, p. 21.
22. *Ibid*, p. 17.

la même question revenait, plus de quinze ans après : *Où aller ?*
Berlin est coupé en deux dans le sens de l'histoire [P].

Filmer Berlin, c'était aussi, inévitablement, filmer le poème qui y avait été écrit – d'autant que, pendant longtemps, son appellation la plus commune avait été : *Poème de Berlin*. Sur les images assemblées pour le scénario, le peintre Oskar Gonschor présente à la caméra les pages de ce poème devenues affiches [S]. Mais revenir à Berlin, c'est renouer avec les interrogations de la fin – fin d'un langage, fin du politique ; avec les lettres du mot « révolution » envoyées à la casse ; avec *l'adieu au prolétariat*. *Les personnages de théâtre meurent dans la rue* pouvait encore laisser s'échapper un appel volontariste :
Où est le combat ?
Savez-vous où est le combat ?
À chaque fois j'ai répondu :
dans les usines [23]
ce texte (multiplié par trois) ne peut que constater :
[...] toutes les sorties d'usine sont syndiquées à l'intérieur d'un contre-chant [...]
Mort, le sujet historique ressuscite
mais sous quelle forme ?
La Non-Classe des non-prolétaires industriels [P].

Dans les usines de Berlin, l'adieu au prolétariat est consommé. La *bataille du langage* devient celle *du langage politique en train d'agoniser*. Mais on aurait pu s'y attendre :
Aller chercher dans une usine ce que nous n'avons pas trouvé au-delà des Pyrénées, ni dans la forêt de la Berbeyrolle, ni dans les camps du Danube, c'est entrer dans l'Ordre des Frères mendiants [T].

Alors, où est le combat ? *(Les personnages de théâtre meurent dans la rue)* où est la bataille ? *(Poème cinématographique)*. À chaque fois, dans chaque lieu où les traces de l'affrontement ont été recherchées, la réponse est la même :
Seuls les oiseaux détiennent notre part de victoire [T].
Corneille au-dessus de la bataille de Jarama.
Oiseau dans le ciel de la Berbeyrolle.
Mésange dans une cellule de Mauthausen.
Rossignol de Berlin.

---

23. *Ibid*, p. 71. « Dans les usines » : c'est précisément là que Gatti ira travailler, devenant ouvrier émigré à son tour.

Filmer la bataille, c'est tenter de filmer le « passage des oiseaux dans le ciel ». À la *question d'avant l'écriture* :
Que survit-il
sous le ciel
après le passage
d'une migration
d'oiseaux ?
Notre espace
en est-il
transformé ᵀ *?*
répond la révélation de la forêt de la Berbeyrolle :
Ici, la bataille n'est pas contre ces hommes à fusil [...]. Elle est contre le conformisme du dire, et la tentative d'annoncer, par d'autres voies, le passage à ce moment-là, de l'oiseau dans le ciel. Sur la forêt de la Berbeyrolle, le soleil ne s'était pas levé. L'exode avait commencé ᵀ.

Le poème de cet exode-là

Lorsqu'il avait écrit et réalisé *La Première Lettre* – une série de six films vidéo tournée en 1978 avec la population de la région de L'Isle d'Abeau et consacrée au jeune résistant Roger Rouxel, fusillé à dix-huit ans, Gatti avait ajouté un *Contre-Opéra* au texte du poème filmé [24]. C'est un texte à lire aujourd'hui comme une sorte de préambule à celui-ci, les images – cadres, séquences – y étant déjà soumises à l'interrogation sceptique des mots : *Pourquoi faire un film ?* Comme dans ce texte (multiplié par trois) les mots tentaient d'y déchiffrer de possibles échos entre traces sur terre et passages dans le ciel :
Les traces
de sang
sur terre
peuvent-elles
devenir
blessures
dans le nuage
qui passe [25] *?*

---

24. Œ Th, III, p. 192. Le *Contre-Opéra* a été mis en images par Stéphane Gatti dans *Un poème, cinq films.*
25. Œ Th, III, p. 203.

D'un poème à l'autre – mais plus largement, aussi, dans cette lente filiation des poèmes : *L'Enclos*, puis *Les personnages de théâtre meurent dans la rue*, puis le *Contre-Opéra*, puis ce *Poème cinématographique* – se donne à lire sur près de quarante ans le cheminement obstiné des mots qui cherchent à dire la bataille : qu'elle soit appelée « révolte » *(L'Enclos)*, « combat » *(Les personnages de théâtre meurent dans la rue)*, ou « guerre civile » *(Contre-Opéra)* :
Notre guerre civile recommence chaque jour
le combat de l'échelle
contre le ciel [26].

S'y donne à lire, aussi, la condamnation qui semble planer sur toute tentative de dire cette bataille. Et particulièrement lorsque, pour la dire, les mots laissent la place aux images.

Déjà, dans le *Contre-Opéra*, Gatti tentait de dire cette condamnation à travers la parabole commune du cinéma et de l'Indien :
Le cinéma
est le tombeau de l'Indien
à travers le monde [...]
Prix usuraire exigé par la funératrice ambulante
ne pouvoir être
vivant ou mort sur pellicule
qu'en travesti commercial [27].

Ce qui lie le cinéma à l'Indien c'est une même défaite : la soumission *au service du plus fort*. Ce que fit subir à l'Indien la conquête des Amériques, les images, au cinéma, le font subir aux mots.

[...] Les mots se sont mis au service des images. Ils ont redit la conquête des Amériques, ces tribus indiennes se mettant au service du plus fort à reproduire les images de leurs dieux quitte à assassiner l'Indien majuscule, ses idées, et ses pierres-ziggurats elles aussi [P].

Voilà le scandale. Et le drame. Entrer dans les images, c'est prendre le risque d'une mise à mort (d'un assassinat). Risque devant lequel ne recule pas celui qui, contre toute attente, persiste à faire des images. Mais risque face auquel il ne peut que confesser – confession à l'en-tête du *Contre-Opéra*, mais qu'il faut, maintenant, mettre en exergue de ce texte (multiplié par trois) :

---

26. Œ Th, III, p. 194.
27. Œ Th, III, p. 202.

C'est par le regard
des images
que la vie s'immole
chaque jour
sur chacune de nos rétines
Un jour
nous saurons
quelle part de notre mort
nous avons offerte
au besoin de cadrer le ciel
à l'obstination du nuage
qui veut se lire
sur
et derrière
l'écran [28].

Ne pas être dupe des images et pourtant continuer à y sacrifier – c'est la position aussi inconfortable que paradoxale que prétend tenir ce texte (multiplié par trois) :
Chaque plan a un numéro
le personnage change de statut :
de pionnier de terres vierges,
il devient chiourme encadrée.
Autre espace, autre destin.
L'idée carcérale dont le cadre
en sa mouvance est porteur
condamne à l'inexistence
tout ce qui ne participe pas
à sa distribution des terres [P].

Tout ce qui n'est pas dans le cadre est condamné à *l'inexistence*.
Tout ce qui est dans le cadre n'est que *chiourme encadrée*.

Pour Gatti, comme pour les iconoclastes vaincus du concile de Nicée [29], *l'image c'est le diable* [T]. Non seulement parce que coexister avec les mots du cinéma est une *descente aux enfers*. Mais plus radicalement, parce que l'image, comme le diable, séduit avant de perdre. Elle est tentation *et* condamnation. Impossible d'y échapper. Sous peine de ne pas exister.

---

28. Œ Th, III, p. 204.
29. Il a d'ailleurs écrit une pièce autour de cette question : *Ces empereurs aux ombrelles trouées,* créée au Festival d'Avignon en 1991.

Qu'elle séduise, on le comprend facilement. Mais qu'elle cause la perte de celui qu'elle a séduit...
Un seul modèle : le peintre chinois,
lorsqu'après les obsèques
il soumet ses albums à la famille du défunt.
[...]
Ce qu'il cherche, ce n'est pas
comment signifier les traits du défunt
que dans la plupart des cas
il n'a jamais vu.
Ce qu'il cherche
c'est une identité
dans laquelle la famille en deuil,
celle qui paye,
se retrouve^T.

Peu importe ici la capacité personnelle du cinéaste, ses efforts, son savoir faire : *Un film est condamné à rapporter, non à dire* ^T. Le paradoxe tient en peu de mots :
Le réel est là
Et il n'y a rien.

Ce n'est pas une question de vérité, de fidélité ou de trahison. Tout est respecté. Vérifié. Contrôlé. Les costumes. Les détails. Pour ce qui est du rapport au réel, on peut même dire que c'est parfait. Un miroir ne ferait pas mieux.

Et pourtant : ... *il n'y a rien*. Au mieux, de *la pierre mutilée*. La question que pose Gatti est extrêmement simple : Que faire pour qu'il y ait quelque chose ? que faire pour que, confrontées à la pétrification, au gel, à la rigidité cadavérique qui les menace, les traces de la *bataille* puissent rester vivantes ?

Le Poème cinématographique a commencé par être le poème de nulle part. En exergue, la trahison des mots.
[...]
La lente agonie de l'Indien majuscule c'est la nôtre. Et le Poème cinématographique n'a plus continué à être de nulle part, il est devenu le poème de cet exode-là ^P.

La question est de savoir comment accueillir cet exode.
Comment accueillir le « passage des oiseaux dans le ciel ».

Le paradoxe Durruti

Lorsqu'on interroge Gatti sur sa pratique théâtrale, il dit qu'il fait *du théâtre selon Mao Tsé-toung*.

S'agissant de l'image, ce texte (multiplié par trois) invite à penser qu'il fait du cinéma selon Buenaventura Durruti.

Paradoxe de l'image : être dans l'image, c'est se condamner à y être mis à mort ; ne pas y être, c'est se condamner à ne pas exister.

Paradoxe de Durruti : vouloir d'abord gagner la guerre, c'est accepter de devenir militaire, donc ne plus être libertaire et condamner la révolution ; vouloir d'abord faire la révolution, c'est se condamner à perdre la guerre, et donc aussi condamner la révolution.

Notre mythe, peut-on l'appeler défaite ? Il est né de la guerre civile dans les casernes de Barcelone, où l'on entrait libertaire, où l'on sortait militaire [s].

L'écriture est là pour maintenir ouverte cette question : *peut-on l'appeler défaite ?*

D'autant que dans la part poème de ce texte (multiplié par trois), ce n'est pas *défaite* qui est écrit, mais *dispersion* : *Notre mythe, peut-on l'appeler notre dispersion...*

Que le mot *dispersion* (et ce qu'il désigne d'exil et d'exode) ait été maintenu dans une part de ce texte mais recouvert dans une autre par le mot *défaite* ne nous oblige-t-il pas à lire désormais les deux mots à la fois : lire chaque fois *dispersion* en même temps que *défaite*, et deviner alors comment, lorsque Gatti écrit le mot *défaite*, c'est peut-être déjà *exode* qu'il faut entendre ? D'où la revendication du paradoxe Durruti : *Peut-être la défaite était le juste prolongement de leur pari*. D'où son application au cinéma, la défaite-dispersion-exode étant le juste prolongement du pari cinématographique.

Son emblème : la baleine *(Elle représente le cinéma* [p]*).*

La baleine, c'est d'abord celle du Musée océanographique de Monaco à laquelle le père, à chaque bonne note, promettait la visite. Un animal mythique *(Immédiatement mythique).*

C'est cette baleine que Gatti dit avoir emportée avec lui à Cuba, pour le tournage du film *El Otro Cristobal* :

C'était l'animal que mon père faisait naître de temps en temps et à qui il fallait rendre visite pour marquer tel ou tel événement. La baleine était devenue un peu de ce monde promis par Auguste, et le fait qu'il était parti de l'Amérique, meurtri, poignardé, rejeté en quelque sorte par l'Amérique, de retourner avec une baleine et de recommencer cette conquête de l'Amérique qu'Auguste n'avait pas faite, mais de recommencer à travers son fantasme, à travers sa baleine, ça a été un peu pour moi la base. D'où ce ciel qui commence avec une baleine, avec des musiciens, le rêve d'Auguste a été réalisé à Cuba et cette baleine devait changer le monde [30].

Or cette baleine chargée de toutes les utopies d'Auguste ne sera pas accueillie à Cuba. Le film sera tourné. La baleine construite pour un ciel d'anges baroques. Mais le réalisme socialiste n'y trouvera pas son compte. Présenté au Festival de Cannes, le film sera presque aussitôt enterré. La baleine, elle, fera une sortie remarquée. À Cuba, elle deviendra char de carnaval pour y représenter l'ICAIC, l'Institut cubain de cinéma :

Ce carnaval était en quelque sorte la rencontre de tout ce contre quoi on avait lutté pendant tout le film, c'est-à-dire le clinquant de la consommation américaine et l'espèce de sectarisme pitoyable du réalisme socialiste... Notre baleine a défilé là-dedans [31].

Ce que les mots de la part poème de ce texte (multiplié par trois) ne font que redire :

*La baleine est désormais une reine vaincue
attachée au char de ses vainqueurs.*

Défaite de la baleine, donc. Mais défaite – nous le savons maintenant – à lire comme un envoi en exode. Toute une diaspora de baleine – *démesure chantante dont le répertoire met l'océan en strophes de jets d'eau* [P]. Comment s'étonner, alors, que l'une de ces baleines puisse être imaginée arche perchée sur la montagne de Monségur [S] ? La baleine est figure de l'exode. Elle l'est aussi de la multiplication :

[...] L'homme est toujours désir d'être autre – à plus forte raison, une baleine.

[...] Leur spectacle est parent de toutes les formes en marche vers le ciel.

[...] Ziggurat, vraie ou fausse Internationale ? Déchirée, fractionnée, mise en morceaux à chaque représentation. La représentation finie, le chant de la baleine reprend son indépendance [S].

Durruti, la baleine, c'est l'Autre Internationale (comme il y eut l'Autre Cristobal). Une Internationale dont l'exode répond coup pour coup aux défaites de l'autre.

30. Gatti, *Journal illustré d'une écriture*, p. 152.
31. *Ibid*, p. 153.

Une Internationale construite à la force des mots et dont le mot d'ordre permanent pourrait être :
— *Attention, on recommence*
ou plus simplement – mot d'ordre de toutes les aventures cinématographiques :
— *Moteur* [s].

LE COMBAT EST TOUJOURS MULTIPLICATION

Il faut bien parler du ciel puisque même la baleine est concernée par la *marche vers le ciel*. Ciel où passent les oiseaux. Ciel à l'assaut duquel s'élancent les échelles, comme cela était déjà écrit dans le *Contre-Opéra* :
Notre guerre civile recommence chaque jour
le combat de l'échelle
contre le ciel [32].

Ciel à l'assaut duquel s'élancent ici les marches de la ziggurat, cette tour babylonienne à degrés qui est la figure centrale de ce texte (multiplié par trois). La seule question que l'on semble être en droit de poser à un film (et par-delà un film à toute tentative humaine), c'est de savoir en quoi il est ziggurat.
Apprendre à un film à circuler sur des pages blanches.
Chaque image écrite est une marche d'escalier.
Chaque palier est une séquence.
Chaque film est une ziggurat.
Un scénario,
un escalier séquence d'escalier à la recherche du tout
(un tout vertical)
l'échelle de Jacob et son combat.
Qu'en reste-t-il [p] *?*

Les différentes figures de l'ascension vers le ciel sont mises à contribution. Une fois encore : elles ne s'additionnent ni ne se substituent les unes aux autres. Chacune est multipliée par les sens, les déterminations des autres. Ainsi, l'échelle de Jacob. Le Livre de la Genèse (28:10) dit comment dans une vision Jacob s'émerveilla devant cette « échelle dont le sommet touchait le ciel » et le long de

---

32. Œ Th, III, p. 194.

laquelle des anges montaient et descendaient. Si l'on en croit les exégètes, il s'agit, en fait d'échelle, d'une « rampe à gradins » qui rappelle très précisément celle dont il a été question plus haut : la tour de Babel. Or la tour de Babel n'est rien d'autre qu'une ziggurat babylonienne ! Échelle (de Jacob) et ziggurat habitent la même figure. Mais il y a plus. Une fois encore, Gatti fond deux épisodes. Cette vision de l'échelle (appelée traditionnellement « le rêve de Jacob » Genèse 28:10). Et un autre épisode nocturne : le combat avec l'ange (Genèse 33:23), où Jacob, toute une nuit, combattit contre « un homme » – Dieu lui-même ? – dont il exigeait de savoir le nom.

Gatti a essayé plus d'une fois de se mêler à ce combat avec l'ange. Il a voulu en faire un film *(Le Combat avec l'ange)* dont le scénario, plusieurs fois réécrit, sera finalement tourné en Allemagne sous le titre de *Übergang über den Ebro*. Déjà la lutte avec l'ange se multipliait en allées et venues sur l'échelle. Comme si les deux figures *(échelle* et *combat)* n'en faisaient plus qu'une. Comme si monter et combattre était un même geste, un même enjeu.

Combattre, pour Gatti, c'est toujours chercher à monter. C'est toujours une quête de hauteur, de verticalité, de démesure. Combattre, c'est défier la pesanteur [33]. Toutes les possibilités de l'ascension sont donc appelées à multiplier les sens du mot « combat ». De même que toutes les possibilités du combat sont appelées à multiplier les sens du mot « vertical ». Une ziggurat n'est peut-être, dès lors, que l'effet de la multiplication de la bataille par le ciel. Aucune magie dans de telles opérations. Le lieu où elles s'effectuent, c'est la feuille blanche. Écrire et combattre ont ceci en commun : ils sont, l'un et l'autre, *toujours multiplication.*

Et c'est pour cela que chaque part de ce texte (multiplié par trois) répète que la bataille n'est pas *contre des hommes à fusil.*
Elle est entre le réalisme
et le dire par d'autres voies
du passage de l'oiseau[P].
Elle est contre le conformisme du dire, et la tentative d'annoncer par d'autres voies, le passage à ce moment-là, de l'oiseau dans le ciel...[T]
Le *conformisme*, le *réalisme*, les *évidences* – c'est précisément ce

---

33. « Mort à la pesanteur ! » et « Soyez tous démesurés ! » sont, dans *La Tribu des Carcana en guerre contre quoi ?*, des mots d'ordres de ce Ramón Carcana qui est un avatar possible de Durruti.

qui s'est toujours dressé en travers de la marche de l'Autre Internationale (Durruti, la baleine). La multiplication est *le dire par d'autres voies* qui peut permettre aux personnages de la bataille d'y échapper – et ainsi de révéler la part d'exode inscrite dans la défaite.
L'enjeu :
Savoir les mots justes de cette aventure
quelle histoire réhabiliter autour d'elle
pour que partant des apparences
les mots se recréent univers
qu'ils soient sa présence parmi nous...[5]
L'enjeu : rendre présents ceux qui sont évoqués. Que l'évocation devienne convocation, et la convocation véritable présence. La multiplication (comme celle des pains) est la condition de la présence (réelle). Sur la scène, sur l'écran, comme sur la feuille blanche. Pour dire cette multiplication qui rend présent, pour signifier ce qu'accomplissent les mots qui se saisissent des anecdotes, des apparences, des êtres et des hommes pour les restituer à *l'univers qui les multiplie*, un mot va s'imposer, « inventer » :
Les morts de ce moment du siècle
on les inventait,
on les mettait dans le vent.
La fumée des crématoires était là pour en témoigner. « In-venter », c'est, littéralement, multiplier dans le ciel. Pour Gatti, non seulement Auschwitz n'a pas rendu vaine toute tentative de poème, mais la fumée qui s'en échappait oblige désormais le survivant.
Inventer – multiplier – combattre.
Autant de sens du verbe écrire.
La bataille du siècle inventant ses propres vocables.

QUE PEUVENT LES IMAGES ?

L'hypothèse à peine formulée :
La bataille du siècle in/ventant ses propres vocables.
la question est déjà là :
Que peuvent les images[5] ?
Les mots, eux, peuvent toujours aller chercher de quoi investir de nouvelles feuilles blanches au fond des corbeilles à papier.
GRAND JE. — *La corbeille à papier où vivent en souffrance non seulement les exclus (toujours disponibles) du Livre, mais aussi les plus*

*beaux assauts vers le ciel. Connaît-on un seul assaut à la verticalité qui n'ait pas fini dans une corbeille*ᵀ ?

Apparue pour la première fois sur la scène du Théâtre de Kassel, en Allemagne, pour une mise en scène de *La Naissance*, la corbeille à papier est devenue, pour Gatti, une des grandes figures du maquis. Au plus dur du combat, les mots peuvent toujours s'y replier – et, comme ici, y devenir oiseaux :

En sortent des papiers froissés avec plans de travail vingt fois recommencés, dialogues délaissés, prévisions d'équipes de tournage, et des plumes, encore des plumes.
ELLE MASSMÉDIATE. — *Qu'est-ce que c'est ?*
TE INTROVERTI *et* LUI MAL ÉCRIT. — *Le phénix*ᵀ *!*

Mais ce qui est possible pour les mots ne l'est pas pour les images. Ce maquis est difficilement le leur. C'est ailleurs qu'il faut trouver la faille. Le texte (multiplié par trois) va devenir quête de cet ailleurs.

1. Si la multiplication permet d'échapper au *conformisme du dire*, peut-être suffit-il de multiplier les écrans ?
*Dans les montagnes
la même taille pour tous : l'arbre.
Il s'est battu avec les hommes,
à ses côtés.
Pour le dire
quatre écrans avec récits différents qui s'épaulent.
Nouvelles dimensions des personnages sur lesquels
un scénario s'articule* ᵀ.

2. À moins que pour retrouver la bataille – *l'inventer en ce moment même*, il faille crever ces écrans.
L'AUTRE JE. — *A-t-elle lieu devant l'écran ?*
IL FOLÂTRE. — *A-t-elle lieu derrière ?*
GRAND JE. — *Elle a lieu devant et derrière.*
Ils crèvent les écrans côtés jardin et cour, les traversent et se présentent.

3. En désespoir de cause, la bande son sera toujours là – la parole – pour donner le coup de rein nécessaire, relancer l'exode :
GRAND JE. — *Tant que le dialogue existe, chaque écran est une demande dont la réponse permet d'aller plus loin. Peu importe où. L'important, c'est l'écran franchi.*

4. Mais ne vaudrait-il pas mieux, alors, s'abandonner à cette logique du cinéma qui veut que, l'écran franchi, il y ait encore l'écran ?

Chaque image écrite est une marche d'escalier.
Chaque palier est une séquence.
Chaque film est une ziggurat.
Le film alors se révèle lui aussi être une échelle – mais une échelle à plat.
La ziggurat devient horizontale.
Un convoi sur rails avec désormais
un destin de gare
de signaux d'aiguillages [P].

C'est la figure que développe la dernière partie de la part poème de ce texte (multiplié par trois) : le film est un convoi qui avance sur des rails. Il traverse des paysages. Il est marqué par les gares qu'il traverse, les signaux qu'il reçoit :
Et si les personnages de la bataille
étaient ceux qui de loin
ont été les aiguilleurs
de l'aventure filmée?

L'*aventure filmée* ne peut échapper à la logique des rails. Mais les aiguillages permettent au moins d'en multiplier les directions. La part poème s'essaie à cette révélation. De gare en gare. De rencontre en rencontre. D'aiguillage en aiguillage. Et si la figure du train sur les rails n'apporte pas d'issue, elle installe néanmoins l'aventure cinématographique dans sa logique de marche en avant – de tentative de participer, elle aussi, à l'Autre Internationale, comme Durruti, comme la baleine :
Un rail cherche à fuir une bataille perdue
l'autre rail cherche à l'atteindre victorieuse
à travers toutes ses identités reconquises [P].

Le convoi avance. En guise de drapeau rouge pour donner le signal du départ, le toujours même point d'interrogation : *Où aller?*

Cette page blanche?

La multiplication que Gatti met en pratique ne vise pas un nouvel ordre cinématographique – pas plus qu'en d'autres domaines elle ne serait attirée par un nouvel ordre politique. Il n'y a pas plus d'utopie cinématographique que d'utopie politique. Il n'y a pas plus d'image juste que de ligne (politique) juste. Seule certitude, la présence de (?). Le point d'interrogation est la seule réponse possible.

Surtout lorsqu'il se mue en la plus simple expression du refus : *Non!*
Un *Non!* qui pour devenir moteur, articulation et sujet d'écriture (capable de multiplication) se revendique pronom personnel :
Non! pronom personnel
fait des mots d'ordre
entrecroisés de toutes
les révolutions d'Octobre
qui planent inachevées
sur le destin des hommes
et des grammaires[T].

C'est par cet inachèvement qui l'habite que le *Non!* rejoint le point d'interrogation – et la feuille blanche :
PETIT JE. – *On place la caméra où ?*
Grand Je va chercher une feuille de papier blanc et la place sur la corbeille à papier.
GRAND JE. – *Là. Et on tourne en continu.*
PETIT JE. – *Quoi ?*
GRAND JE. – *Le poème.*
PETIT JE. – *Cette page blanche ?*
GRAND JE. – *Oui, nous allons filmer une page blanche* [T].

À filmer une feuille blanche, l'*aventure filmée* tente au moins de se hisser à la hauteur de l'aventure peinte (Malévitch). Mais il y a autre chose. La volonté de Gatti (la nécessité) de trouver *le dire par d'autres voies* le contraint à pousser jusqu'au bout la logique des paradoxes. Jusqu'à tenter de tenir celui-ci : on ne fait bien du cinéma qu'au théâtre. Seul le théâtre permet de maintenir les incertitudes, les points d'interrogations, les paradoxes, par lesquels le cinéma pourra accueillir les personnages de la bataille du siècle.

La mise en théâtre – la multiplication théâtrale – ce serait la possibilité de faire exister (dans et autour de l'écran) les images dont devrait être fait un film qui refuserait la condamnation – images dont il ne pourra jamais être fait. Au théâtre, le convoi cinématographique et ferroviaire semble capable de poursuivre son avancée. Quand bien même ce serait hors les rails. Et c'est pour cela qu'il convient de lire ensemble les trois parts de ce texte (toujours une « part en trop »). Elles ne sont pas trois versions d'un même thème – chacune pouvant, à l'occasion, se substituer aux autres. Elles sont, par leur multiplication même, tentative de réaliser ce qu'elles cherchent à dire : sortir des rails, échapper au cadre. À la dernière réplique, « le passage des oiseaux dans le ciel » laisse enfin une trace.

Quelque chose de leur migration finit *contre toutes les évidences* par survivre *sous le ciel.* Mais ce n'est pas pour clore l'interrogation et donner réponse à l'*exergue :*
*Notre espace
en est-il
transformé ?*

La plume d'oiseau qui *descend lentement des cintres* et *finit par se poser sur la page blanche* n'est pas destinée à devenir monument. Elle est, elle aussi, instrument de multiplication. Opération commutative, disent les manuels de mathématiques. Autrement dit : effective dans les deux sens.

Là où il est écrit :
On plante un mot et il pousse un oiseau
on peut aussi bien lire :
Une plume qui tombe, c'est le début d'un mot.
La multiplication est une opération ininterrompue.

Michel Séonnet

Poème cinématographique et ses pronoms personnels dont le titre pourrait être L'Internationale

1984

Demande des pronoms du poème :
— Que vient faire (au regard des années-lumière) cette flottille de porte-artifices ? maintenant (en dehors de toute eau territoriale) les utopies désespérément musicales, littéraires, picturales ?
Sur leurs oscillographes cathodiques une seule présence – la méfiance de la profondeur des ports et des profondeurs. Le brouillage d'ondes auxquelles le discours est soumis a fini par devenir le discours lui-même. La communication abandonne les feux de Bengale des certitudes pour les poussières craquantes qu'il en reste, une fois le feu de Bengale éteint. Là où s'inscrit le combat contre l'ange faut-il lire la guerre sans fin des polyèdres ?

◆

Je/Nous sommes soustraits et additionnés, autant d'assemblées d'amiraux japonais de plus en plus persuadés que leur seul salut ne pouvait venir que de l'avion suicide. Mais on ne devient pas forces d'attaque spéciales du vent divin sur simple inspiration. Ils (et Elles) avaient tous mille ans et s'étaient perdus en cours de route. Leur langage n'était pas arrivé jusqu'au bout. Et chaque fois qu'on croyait y découvrir la voie, ils se dispersaient pour se reformer un peu plus loin.
D'où la présence parmi eux de pronoms-fleurs-de-cerisier d'un improbable royaume. À moins que ce royaume ne fût celui du neutre, le seul à avoir des ambassades aujourd'hui dans les utopies – parce que repoussé de toutes nos idées lorsqu'elles se veulent vérités.

◆

Demande et réponse d'aujourd'hui :
— Où conduisent les idées ?
— Dans les camps de concentration.
Idées (et faits) se reconnaissent des limites. Ils avouent des fils de fer barbelés derrière lesquels recommence la toujours même quarantaine : la disparition du soleil et ce à quoi il donne forme. L'ici devient le nulle part qui ne peut être situé que là où Je/Nous sommes. Le *Poème cinématographique* a commencé par être le poème de nulle part. En exergue, la trahison des mots.

◆

Les pronoms savent qu'au lieu de suivre les idées, fût-ce derrière les barbelés où Babel encore une fois traçait sa montée vers le ciel, les mots se sont mis au service des images. Ils ont redit la conquête des Amériques, ces tribus indiennes se mettant au service du plus fort pour reproduire les images de leurs dieux quitte à assassiner l'Indien majuscule, ses idées, et ses pierres-ziggurats elles aussi.

◆

La lente agonie de l'Indien majuscule c'est la nôtre. Et le *Poème cinématographique* n'a plus continué à être de nulle part, il est devenu le poème de cet exode-là.

◆

Pourtant le cinéma est fait de chaises à porteurs que (selon l'invariable liturgie : star, revolver, érotisme, bonheur, amour, jeunesse et le happy end à la place de l'*Ite-missa-est*) le monde découvre, beaucoup plus que lui ne découvre le monde. Il a été chronophotographie, kinétoscope, phénakistiscope, praxinoscope, zootrope, et anaglyphe. Rien n'aurait différencié le cinématographe de sa parenté pédante s'il n'avait monté boutique à l'enseigne du septième art avec un programme de parabole théâtrale : l'exception et la règle. La boutique, comme il se doit dans le rôle du marchand de la parabole, donc la règle. L'art comme il se doit aussi, dans celui du coolie qui y laisse la peau. Donc l'exception (l'art, pas celui qui y laisse la peau). À l'envers des parvenus s'ajoutant une particule de noblesse achetée, le cinéma s'est séparé du « tographe » de ses encombrants débuts dans le monde des mots – meublé de vocables, tendant à prouver sa modernité : monteur, metteur, producteur, adaptateur, scénariste, script-girl, cameraman, perchman, clackman (avec le virus des maladies inguérissables, star s'est reproduit en starring, cast, en casting). Coexister avec eux, ce n'est pas partager une maladie. C'est bien au-delà, descendre aux enfers. Une seule intercession funambulo-grammaticale pour en sortir : les pronoms personnels.

◆

Le cinéma (comme tous les moyens d'expression) est fait avant tout de pronoms personnels.

Je
(celui qui parle)

Vous
(celui ou ceux à qui on s'adresse)

Ils ou Elles
(ceux dont on parle)

À l'impossibilité d'y échapper, le cinéma rajoute :

Nous
(l'équipe qui fait le film)

Et même ouvrant la voie à une approche plus baroque des noms :

Y
(pour les jonctions difficiles)

Une prédestination.

◆

Une prédestination avec des postes surchargés.

Je   Grand : le metteur en scène
Petit : l'assistant
Subalterne : le scénariste par moments

Tu   Interpellateur : le scénariste encore
L'Autre Tu : le dialoguiste

Nous   De majesté : l'image
Antagoniste : le son
Archives : la scripte

Il   De complément : le décorateur

Elle   De complément : la costumière

Vous   Assis : le spectateur
Le Premier Vous : le monteur

Ils
Elles   Les personnages imaginaires
et les comédiens qui les endossent

Y   Le producteur

◆

L'enfer linguistique de toute évidence les attend. Mais ils ne peuvent pour autant échapper au poème de l'exode dont désormais ils font partie. Le revendiquer c'est s'habiller d'une prise de conscience au milieu des vocables avec lesquels ils doivent mener l'aventure. Cet habit, c'est la parabole indienne...

Elle va être assumée par toutes les figures du poème jusqu'au bout. Ce sera un western, avec un destin de personnages fondateurs de grammaire, réalisé sur les distances qui séparent le Je, du Tu, du Ils, du Y. Sur les ruines du ranch d'autrefois, les cadrages, les panoramiques, les travellings tels qu'ils sont portés par la triangulation Je-Vous-Ils vont devenir autant de domaines.

◆

Les plus grands films que les mots se soient inventés survivent dans les réserves du Popol Vuh – ou dans ces parties de pelote où la balle était envoyée (et renvoyée) contre les murs de silence, par toutes les parties du corps.

◆

Domaine du Je
Grand Je, le réalisateur : *Celui des signaux de fumée sur les montagnes.*

Domaine du Tu
Tu qui interpelle, le scénariste : *Le mur qui raconte la partie de pelote.*
L'Autre Tu, le dialoguiste : *Celui de la pelote lancée.*

Domaine du Il, Elle
Il de complément, le décorateur : *Celui des pierres qui regardent.*
Elle de complément, la costumière : *La mue du serpent.*

Domaine du Nous
Nous de majesté, l'équipe image (trace de l'éclair) :
l'opérateur : *Le maître-magicien-du-jour,*
le cadreur : *Les quatre pattes du chat.*
Nous antagoniste, l'équipe son (subalterne du tonnerre) :
l'ingénieur : *Le porteur des silences,*
le perchman : *La voix d'en dessous.*
Nous archiviste, la scripte : *Le regard du coyote.*

Domaine du Vous
Vous assis, le spectateur : *Celui qui vient de l'autre côté du lac.*
Vous premier, le monteur : *Celui des rendez-vous du maïs.*

Domaine du Ils, Elles
Les personnages imaginaires du scénario : *Les témoins des aubes passées.*
Leur prise en charge par les comédiens : *Les plumes du serpent.*

Domaine du Y
Le producteur : *Celui de la palpitation.*

◆

Le poème a été habillé des couleurs de la fête, mais c'est toujours le même masque mortuaire que l'on applique sur le visage de ceux du grand voyage à travers les spirales.

◆

Il y a chez tous les mots – orphelins du signe – une étincelle éteinte depuis toujours qui pétrifie le poème mais que nul ne peut transformer en demeure. L'approche du beau idéal l'aurait-elle rallumée ? ou encore l'ornementation de notre vie ? ou le témoignage sur l'époque ? ou la traduction de conflits économiques ? ou bien encore la relation ultime de l'être dans une anticipation impossible de ce qui ne l'est pas ?

◆

Ils sont les ressortissants de la toujours même interrogation :
— Et si la peur n'était que l'impossibilité du soleil à s'inventer autre ?
De certains mots des jets de sang jaillissent certains jours. Les transgressions ne sont pas toujours synonymes de liberté.
Et pourtant...

◆

Générique

trou noir
sans moyens de l'être.
Générique, lieu où l'on vend titres et signatures.
Comice agricole d'autrefois
(vaches, chèvres, cageots de poules, béliers tristes, coqs bafoués,
sacs de semences, plants, tissus à fleurs – et fleurs éblouissantes,
sont toujours là)
avec des clins d'œil de supermarché
et une façon d'aimer la bande annonce,
un lieu où tout est vendre.
Pas de pronoms pour ponctuer

ils sont déjà joués par ces noms à vendre (ou déjà vendus).
Pourtant, déjà, au long des métamorphoses
où Ils/Elles se multiplient
Ils/Elles se fascinent en Vous/Je/Tu/Nous
pour voler ? ou pour agoniser ?

À battre des ailes dans nos génériques
combien d'ombres portées
de fondateurs de républiques d'un jour
de façonneurs d'égalitarisme coupeurs de têtes
de fabricants d'horloges
où les aiguilles sont toujours plus nombreuses que les chiffres ?
Mammouths à un seul titre
celui de l'absolue solitude pour savoir mourir
debout
sur toute l'étendue du siècle.
Leur guerre a-t-elle eu lieu ? recommencera-t-elle ?
devant chaque fois se parfaire ?
Vient-elle des rencontres blanches
sans traces d'armes à l'intérieur ?
ou s'est-elle imposée droit à reconquérir chaque jour ?
Est-elle guerre de l'intérieur ? ou de l'extérieur ?
Continue-t-elle lorsqu'il n'y a personne à la faire
ou croyant la faire ?
Est-elle insistance d'ombres
qui refusent de périr citoyennes d'un quatuor inachevé ?
Addition dans les domaines du Vous
Soustraction dans les domaines du Il
Multiplication dans les domaines du Tu
Division dans les domaines imprévisibles

Les noms
que les prévisions de vente grossissent ou diminuent,
les pronoms les porteront tous en cours de tournage.
Autant d'adresses mettant de l'un à l'autre
les pronoms en continuel état de déménagement.
Un seul pronom peut être à lui seul tout le générique.
Trou noir (rêvé) mais sans aucune possibilité de l'être.

◆

◆ ◆ ◆

Le scénario, trajet du Je/Jeu

▼

Apprendre à un film à circuler sur des pages blanches.
Chaque image écrite est une marche d'escalier.
Chaque palier est une séquence.
Chaque film est une ziggurat.
Un scénario,
un escalier séquence d'escalier à la recherche du tout
(un tout vertical)
l'échelle de Jacob et son combat.
Qu'en reste-t-il ?
L'attente de troupeaux de minotaures
(ombrageux, solitaires)
se revendiquant taureaux ailés de ziggurat
en marche vers les constellations taurides.
Trajets du Je/Jeu.
(À la venue des hommes à tête d'animal ont répondu des animaux à tête d'homme. Le spectaculaire se désacralise, mais ne change pas.)

◆

Domaine du Tu

Le mur qui raconte les parties de pelote

Trajets que tracent les personnages
depuis toujours en attente :
Barcelone : par Buenaventura Durruti, la prise du pouvoir refusée.
Berlin : par Rosa Luxemburg, la marche du futur assassiné.
Collines (italiques) de l'hérésie : par François d'Assise.
Kouei-lin : par Tchang Nien perdue dans la ville aux deux fleuves et aux cinq montagnes gravées de signes.
Paris : par Eugène Varlin, la ville où Tu (en marge) a depuis longtemps dépassé ses écritures tant les trajets s'y accumulent.

À chaque carrefour, le langage de l'homme quotidien
tel que dans une partie de pelote géante se le renvoient les siècles.

◆

Domaine des Ils-Elles
(complainte)

Les témoins des aubes parlées

Nous habiller de murs
de maisons
de rues.
Multiplier d'un escalier à l'autre
les villes
pour un passage sur pellicule
dans un temps comprimé ou allongé à plusieurs vitesses.
Notre escalade
est inscrite dans les premiers alphabets
où était mise à contribution chaque partie du corps.
Ce n'est pas un promeneur
qui passe sur ces escaliers
mais la partie d'un corps puis l'autre
qui essayent de rejoindre l'alphabet premier
où Ils et Elles sont encore Je.

◆

Domaine du Nous
(archives)

Le regard du coyote

Derrière Nous
le chien noir de l'allégorie porteuse de nos mémoires.
Derrière Lui
l'infinie diversité du monde.
(Les Aztèques construisaient des prisons pour les dieux vaincus, nous
le faisons avec nos images.)

Domaine du Tu
(prédialogues)

Celui de la pelote lancée

Le froid s'installe toujours autour des histoires à raconter.
Tous les Tu de la création se tassent
comme des alpinistes perdus en haute montagne
et attendant des secours.
Ils doivent
sous peine d'être transformés en glace
inventer le feu de toutes pièces.
Arrivera le moment
où le destin de l'humanité dépendra de ce feu
avec ses alphabets
ses écritures prêtes à prendre place sur une page blanche.
Première tentative de vêtir les personnages de temps écrit.

◆

Domaine du Elle
(complément)

La mue du serpent

Monter les escaliers
avec le destin d'un autre comme habit
(et la façon injuste dont il a été coupé).
Qui ont-ils été ?
Et qui vont-ils être une fois costumés ?
Tous croient qu'au dernier escalier ils vont éventrer le cadre
derrière lequel s'abrite l'adversaire inconnu
le non-mot
le non-dire
dont l'anxiété multiplie les pronoms
en d'autres pronoms largués
par toutes les grammaires.
Pour un personnage imaginaire
un costume n'est pas seulement un habit
mais un espace à reconquérir
un lieu à multiplier
comme preuve de son existence.

Domaine du Je
(découpage)

Le réveille-étoiles-du-matin

Chaque plan a un numéro
le personnage change de statut :
de pionnier de terres vierges,
il devient chiourme encadrée.
Autre espace, autre destin.
L'idée carcérale dont le cadre
en sa mouvance est porteur
condamne à l'inexistence
tout ce qui ne participe pas
à sa distribution des terres.
Après les habits du temps
ce sont les habits de l'espace
que le découpage confectionne.

◆

Domaine du Y
(administratif)

Celui de la palpitation

Montage financier
il réinstalle les illusions du nombre
et condamne les mots incapables de peupler d'évidences
ceux de l'autre côté du lac.
Plaire et complaire deviennent l'énigme à résoudre
à chaque escalier.
L'Histoire ne sera plus que l'histoire
même si la complexité des choses est ternie.
Une longue odyssée à travers les techniques l'attend.

◆

Domaine du Tu
(interrogatif)

      Le mur qui raconte la partie de pelote

Multiplication des pronoms
elle se poursuit
sur les trajets
où les hommes imaginaires
ont allumé leurs feux.
Question d'avant le tournage :
— Que survit-il dans le ciel
après le passage d'une migration d'oiseaux ?
l'espace en est-il transformé ?

◆ ◆ ◆

**Tournage où brûler le cadavre terroriste
d'un futur qui a vieilli**

▼

Domaine du Ils
(reflets)

      Les plumes du serpent

Lui (bientôt moi)
le passeur arpentant toutes les Espagne de ce siècle
mais les dépassant toujours d'une montagne.
Lui (l'anarchiste)
en dehors de l'anarchie ayant survécu à toutes ses morts.
Lui (l'émigré) toutes frontières abattues
la frontière n'étant plus un lieu de passage
mais un asile parmi les passés accumulés
déterrant toujours le présent.
Lui, traversant le film comme une des montagnes
qui traversent les révolutions perdues
mais toujours un peu avant l'image
donc toujours dehors.

Domaine du Nous
(archiviste)

Le regard du coyote

Lui dans sa démesure.
Nous derrière cette démesure
le suivant (image par image) sans jamais le trouver
mais sachant qu'il n'y a pas d'autre route
pour se rendre sur les lieux
de la bataille aux dizaines d'identités
que celle du passeur.
(Une part libertaire en exil aux quatre coins du monde
une part combattante sur l'horloge espagnole
une part émigrée vers d'autres combats
une part emprisonnée dans les passages des montagnes
une part coincée dans les strophes de *L'Internationale*...)
Chaque fois il y a une part en trop.

◆

Domaine du Ils et Elles
(répétitif)

Les plumes du serpent

Le portrait-robot est devenu labyrinthe
nous sommes condamnés à y errer
jusqu'à la fin du film.
Les langues de la bataille sont enfermées
mais toujours derrière le passeur
avec leurs valises à ficelles
leur paquetage d'émigrés.
De la bataille qui leur sert d'identité
ils ne gardent que le non-lieu
(avec chaque prison d'Espagne comme mausolée).
Aujourd'hui
sans eux, c'est sans nous
(nous, c'est déjà le spectateur).

Domaine du Vous
(spectateur)

    Celui qui vient de l'autre côté du lac

Le spectateur
peut-il à travers les morts de la guerre civile
plantés aux quatre coins du monde
devenir son propre spectacle ?
(Une part engoulevent de l'été de l'anarchie
une part alouette montant à la verticale des lieux de la tuerie
une part oiseau migrateur faisant le tour du monde
une part rouge-gorge dans la rigueur hivernale.)
Toujours une part en trop.

◆

Domaine du Tu
(encerclé par l'anecdote)

    Mur qui raconte la partie de pelote

SUR LES TRACES QUE LAISSE DERRIÈRE LUI LE PASSEUR, IL Y A L'ANECDOTE

Bataille de la parole
les mots comme autant d'auréoles autour des morts.

Bataille des livres expédiés à la place des obus
et parfois des écrits à la place des balles.

Les Internationales font du corps à corps
à chaque mot chanté une existence tronquée.

Rivière Jarama
Cri de corneille
Arme blanche, grenades
oliviers, hurlements
Courses éperdues
Puis *L'Internationale*
à peine quelques instants.

Il pleut sans arrêt.
Dix mètres gagnés
vingt de perdus
dix de récupérés.
Quarante morts, de chaque côté.
La boue absorbe tout.

Craie blanche.
Tranchées d'éponges.
Personne pour relever
personne à être relevé.
C'est l'accalmie.
Pas pour longtemps.
Il pleut sans arrêt.
Demain et encore demain.
À SUIVRE...

◆

Domaine du Elle
(à habiller)

La mue du serpent

Dans l'anecdote qui habillons-nous ?
Les Balkaniques
en blanc crayeux des tranchées.
L'Anglais survivant
en branches d'olivier pour le camouflage.
Les Scandinaves
de boue et de froid.
Mèche à la taille pour les Espagnols.
Ils attendent contre terre, les chars
avec la bombe qu'ils ont fabriquée.
Pour les Arabes
le soleil détrempé
mais différent de celui des Arabes d'en face.
D'uniformes pour tous
il n'y a que les cendres de la bibliothèque d'Alexandrie
mêlées aux sables qui désagrègent les pyramides.
Ils disent le pourquoi de nos présences derrière la caméra.

Domaine du Tu
(international)

Le mur qui raconte les parties de pelote

SUITE DE L'ANECDOTE

Le groupe de l'Internationale française a vécu
et il cesse de vivre
chaque nuit de brouillard
quand la corneille crie.

De l'Internationale wallonne
il reste encore cinq hommes
blessés intransportables
derrière un monticule.
Les saisons se succèdent
sur le monticule
ils continuent à être cinq.

Ceux qui parlent anglais sont tous morts
sauf un sur la colline du suicide.
Américains, Anglais, Irlandais
ont été surpris par les Maures d'en face.
Ils avançaient sur eux en chantant *L'Internationale*
en langue espagnole.

Envoyés en renfort Italiens et Yougoslaves
sont cloués dans la boue.
Ils ne chantent plus.

Tu iras jusqu'à eux.
À la colline du suicide.
Tu ajouteras la corneille qui crie, la pluie qui tombe
le Jarama qui déborde.

La colline du suicide depuis des années
marche derrière son seul survivant.
Il parle l'anglais
avec l'accent de la banlieue londonienne.

Lorsque tu arriveras
il y aura longtemps

que le passeur aura laissé
son empreinte sur l'image.

Empreinte où tu devras te multiplier
pour ceux d'en face
avec le langage solitaire des communiqués
pour le dire
face à un cours d'eau à traverser
et le passage d'oiseaux migrateurs
qui prennent soudain conscience qu'ils sont
l'univers et la multiplicité de langages
dans lesquels ils devront se déployer.

◆

Domaine du Nous
(de majesté)

Les quatre pattes du chat

Qu'y a-t-il sur l'image ?
De la pierre mutilée, rien de plus.

◆

Domaine du Il
(décorateur)

Celui des pierres qui regardent

Dans toutes les villes
le passeur nous précède de quelques images.
En Espagne
de plusieurs.
Les témoins des aubes passées
y sont accrochés au ciel.
Ziggurat se prolongeant
mais sur fil seulement.

Domaine du Tu
(dialogue)

Celui de la pelote lancée

Les dialogues ne sont plus des rencontres
mais l'absorption de gestes dans un univers dédoublé.
Tous
à la recherche du passeur qui les précède
avec un lieu de rendez-vous
où la géographie sécrète l'histoire.
Le portrait-robot de la bataille s'écrit en lettres tombales.

◆

Domaine du Nous
(archives)

Le regard du coyote

Verticalité de la mort
(nommée sur les plans de tourisme : Entrée des incroyants)
comme s'il s'agissait d'ajouter une part en plus
au portrait-robot.
Le passeur fait de ces incroyants
un de ses lieux de passage.
Huit voyelles et onze consonnes bout à bout
cartes que l'histoire garde
pour dire qu'elle a encore un jeu qu'elle peut abattre.
FERRER　　　　　　　DURRUTI　　　　　　　ASCASO
Trois pierres
(essentiellement du vide avec quelques tourbillons d'atomes – plus le physicien avance, plus le réel devient insaisissable).
Le réel est là – et il n'y a rien.
Menée par lui
la légende déborde quand même
de tous les côtés.

◆

◆

Domaine du Je
(vertical)

    Celui des signaux de fumée sur la montagne

Il reste leurs noms.
Dans leurs visages d'alors
la sentence de mort n'est pas entrée.
Elle est restée au-dedans, flamme blanche.
MORT   EXIL   PRISON
Image après image ils ont traversé
tous les moments du portrait-robot.
La triangulation est née d'eux, avant de se multiplier.
Les montagnes que traversent les révolutions perdues
continuent à dérouler leurs soliloques
en dehors de toute commémoration.
Ceux qui contre toutes les haltes
se sont voulus trajets entiers
voient les portes se refermer
lorsque le chien de la mémoire
s'aventure sur les ziggurats pyrénéennes
qu'ils ont eux-mêmes tracées, une imprimerie sur le dos.
La triangulation, ils l'ont continuée
avec le garrot et la rafale en pleine rue.
La bataille, tous croient l'avoir gagnée
eux seuls l'ont perdue.
Impossible de retrouver les siens parmi les siens
de s'y nommer.
On les voit avec l'éternelle part en trop
soudain mûrir dans une parole
et avancer dans la nuit des robots.
Mais qui avance avec eux?

◆

Domaine du Ils et Elles
(constat)

Témoins des aubes passées

La parole, en langues de feu,
nous a légué un syllabaire de cendres
et le syllabaire s'est défait
compte et décompte des années.
Le chant des jours est devenu ferraille de paroles
avec plus rien avant et plus rien après.
Même détournées les pierres ne continuent aucune bataille
à cause des eaux mêlées de communiqués contradictoires.
La bataille ne quitte pas le lit pierreux du réel.

◆

Domaine du Je
(anticipation)

Celui des signaux de fumée sur les montagnes

Pour que la bataille ait lieu je dois saigner
(et ce sera encore un film).
Contre la roche brute
la paroi du silence.

Mauthausen.

◆

Domaine du Je
(réinvesti)

Le réveille-étoiles-du-matin

Pierre extraite des carrières où le siècle est mort.
Seule identité des condamnés au portrait-robot
multipliée par ceux venus de la rivière en crue
des quatre coins des langages d'Europe,
tous aujourd'hui dans le vent de violence au ras du ciel.

Tables écrites par le soleil
escaliers des siècles.
Socle, spirale du vent.
Socle de la danse déterrée
en déportation dans la verticalité.
La même que celle des incroyants
sur les hauteurs de Barcelone.

◆

Domaine du Nous
(de majesté)

    Les quatre pattes du chat

Sur les Pyrénées
le passeur est reparti.

◆

Domaine du Nous
(antagoniste)

    La voix d'en dessous

MÊME PLANTÉ DANS L'ANECDOTE,
JAMAIS UN DRAPEAU BLANC N'ABOLIRA LA BATAILLE.

Le son du Polonais qui retourne au combat
le son des Internationales contradictoires qui se refont
le son des gueules cassées balkaniques
le son des amputés allemands et autrichiens
le son de l'Espagnol, un croc à la place de la main.

Immense corps mutilé.
Elle se remet en marche.
Les officiers qu'on s'invente recommencent à tomber
les chanteurs de fraternités à tenir coûte que coûte
et la colline du suicide à ne reculer sous aucun prétexte.

En face, on chante *L'Internationale* en trois langues
pour tromper ceux qui la chantent en douze.

◆

Domaine du Nous
(de majesté)

Les quatre pattes du chat

Pourquoi dénoncer le réel ?
C'est aux illusions qui le rongent qu'il faut s'attaquer.
Surtout celles pour qui la réalité
est le double insidieux des apparences.
L'image, l'ombre, le reflet,
ont toujours été un refuge contre la mort.
Peuvent-ils franchir le trajet
qui fait d'un signe, le langage ?
Ce que l'image voit n'est pas ce que voit
celui des signaux de fumée sur la montagne.
Pourtant c'est lui qui décide.

Le passeur a déjà atteint la vallée
sur l'autre versant des choses.

◆

Résistance : fleur parasite
dans la forêt de décembre
mais dans les mots du druide
gui de Noël sur l'arbre.

Feuilles mortes et vivantes :
des signaux qui s'ignorent.
Où sont les lignes de sève,
la lente subversion des mots,
les armes à feu qui se dédoublent ?

(Résistant corrézien tombé devant la ferme de la Berbeyrolle.)

◆

Tournage avoir contre tournage être

▼

Domaine du Tu
(garde-frontière)

      Mur qui raconte les parties de pelote

Avoir, être, face à face ? ou superposés ?
Pays de l'avoir
(pour une meilleure conservation
la loi coupe chez l'homme
tout ce qui dépasse).
Pays de l'être
(hors la loi, l'homme quadruple sa taille
homme-arbre).
Passer de l'un à l'autre
ne plus regarder le même extérieur des fenêtres
ne plus gravir les mêmes escaliers
ne plus donner
à la pluie, au soleil, aux nuages, les mêmes repères
vivre dans un discours où rien ne change
et tout devient différent.
Dénoncer l'avoir au profit de l'être
c'est rendre la parole exemplaire.
Dénoncer l'être au profit de rien
c'est rendre la parole vide
mais c'est aussi le passage
de l'état civil à la fusion dans la lumière.

JE SUIS TOUS LES AUTRES, AINSI LA RÉSISTANCE.

◆

Domaine du Tu
(contexte)

        Celui des pierres qui regardent

Dans les montagnes
la même taille pour tous : l'arbre.
Il s'est battu avec les hommes,
à leurs côtés.
Pour le dire
quatre écrans avec récits différents qui s'épaulent.
Nouvelles dimensions des personnages sur lesquels
un scénario s'articule.
Une équipe cherchera leur existence
en images, en sons, en paroles.
Mais pour le décor ?
Le gigantisme ne dépend pas des dimensions.

◆

Domaine du Y
(comptable)

        Celui de la palpitation

La résistance au cinéma
une seule opération possible :
celle du peintre chinois après les obsèques du client.
Il soumet des albums à la famille
(y figurent toutes sortes
d'yeux, de bouches, d'arrondis et d'ovales du visage).
Sans jamais avoir vu le mort
mais d'après les indications données
il reconstitue sa façon de regarder le monde.
Ce qu'il cherche, ce n'est pas signifier les traits du défunt
ce qu'il cherche c'est une identité
dans laquelle la famille
(celle qui paye)
se retrouve.

Domaine du Nous
(de majesté)

Maître-magicien-du-jour

Les maquisards appartiennent au même œil mental
que les tribus dans la bataille aux identités multiples.
Ils sont les peintres d'une même terre.

◆

Domaine du Tu
(vécu)

Mur qui raconte les parties de pelote

Un trou dans le Massif central
creusé en plein hiver.
Trois mètres au-dessus, la forêt de la Berbeyrolle
passage de migration dans le ciel après passage
froid après froid
avec la respiration qui devient glace sur les parois
dans l'odeur de la graisse d'arme
de la paille mouillée
et ce délire qu'apportent les éléments lorsqu'ils fabulent
tu as construit l'escalier
dont tu as gravi chaque marche par la suite.
Toutes les ziggurats sont nées dans le Massif central
à trois mètres sous terre
même la guerre finie (celle des calendriers, pas la tienne)
même la forêt détruite,
les ziggurats ont continué à y naître
escalier après escalier.

◆

Domaine de Ils et de Elles
(essais)

Les plumes du serpent

Les cloches dans la montagne
devraient être notre voix de maquis.
Mais ce qu'elles répandent à la volée
c'est la fin d'une civilisation
voyant se fêler ses propres fondements.
Leur battant est liberté
mais à l'intérieur d'une conscience assourdissante
(impraticable)
nous voici, plus encore que dans la vie,
étrangers aux portes du paraître
demandant aux arbres de la Résistance :
— Un oiseau, en quoi est-il utile ?
bien au-delà de la vie
ou de la mort que nous aurons dans ce film.

◆

Domaine du Nous
(repères)

Les quatre pattes du chat

L'œil minéral
sera posé
sur la ferme qui prolonge la forêt aux ziggurats.
Douze nationalités sont passées par là :
le siècle avec ses faux tampons
ses faux passeports
ses cartes d'identité périmées
ses ressortissants de la révolution permanente
en habits qui ne sont pas les leurs,
le siècle en espadrilles
et en chaussures trouées.
Ferme d'Élisée
du guet
de la surveillance

du passage de l'anormalité à l'ombre
sur laquelle se racornit l'Europe en flammes de jadis
avec en son milieu
Élisée déjà portrait-robot de la Résistance
en attendant de devenir celui de la bataille fantôme
à laquelle sa ferme accorde asile.

◆

Domaine du Nous
(multiplié)

La voix d'en dessous

Dans le bref moment où le silence
parle à lui-même
(« Silence ! On tourne ! »)
l'être collectif se met à vibrer.
Chaque personne présente devient un regard.
Chaque technique est un chœur de regards.
Dans ce feu sans feu qu'est le tournage
la lecture que chacun en fait
illumine.
Sur le paysage à engranger
un soleil blanc dit
les silences d'Élisée et de sa ferme.

◆

Domaine du Nous
(de majesté)

Maître-magicien-du-jour

Toute sa vie Élisée
est resté derrière les images.
Par-delà sa vie, il l'est encore.
Faire qu'à sa place il y ait une image blanche.
À qui en rendre compte ?

Domaine du Nous
(archives)

Le regard du coyote

Élisée : paysan, gestes parcimonieux, peu de paroles,
changeant le monde tous les jours.
Toujours de passage dans sa ferme,
le clandestin d'une oppression
venu apprendre que le monde nouveau commence désormais
à cette forêt telle qu'elle émerge d'une mer de bruyères.
Les descentes de gendarmerie
ne trouvent qu'une famille de paysans.
Élisée
sa femme
sa fille
essayant d'arracher du blé et des pommes de terre
aux pierres de l'endroit.
(Les gendarmes ne voient jamais les signes alignés
de la guerre fantôme qu'Élisée porte avec lui
en même temps que sa fourche à foin
et les aboiements des chiens gardiens des moutons.)

◆

Domaine du Je
(confronté)

Celui des signaux de fumée sur les montagnes

Ma tête est entre les mains d'Orion.
Il me regarde
(mais qui regarde l'autre ?).
Nous sommes deux
chacun avec notre silence
et sa façon de nous répondre.
Notre révélation à travers le temps.

◆

Domaine des Ils-Elles
(distribués)

Les plumes du serpent

Les nuits d'Élisée (et ses jours maintenant taris)
vont reprendre place
dans le peuple inconnu de la bataille
dont il porte sur lui les signes
par-delà le surgissement des Élisée possibles
dressés avec son ombre au milieu du champ
et pourtant chassés de la bataille
qu'il avait rendue (non réelle) mais toujours vraie
jugés par ceux qui la croyant finie
pensaient l'avoir gagnée.
Élisée derrière le film garde le secret des délibérations.

◆

Domaine du Nous
(lumières)

Le maître-magicien-du-jour

Un regard sous les projecteurs
est toujours bombardé
par un excès de preuves – aveugles.
Au même bombardement
est soumise sa lumière intérieure
(supplice chinois du visage ouvert).
Le visage n'a pas le temps d'inventer sa cohérence.
Les projecteurs ne pourront jamais départager
ses jours et ses nuits.

◆

Domaine du Nous
(solitaire)

Le regard du coyote

Images mordues
par le chien de la mémoire qui les tire en arrière.
Solitude du tournage.

◆

Domaine du Nous
(cadre)

Les quatre pattes du chat

Les témoins des aubes parlées :
une foule de facettes projetées dans l'espace.
Amalgamés à d'autres éclats
ils donnent l'illusion de circuler
sous un firmament sans limites.
Pendant le déroulement des plans
les lumières établissent la justice d'en haut.

◆

Domaine du Tu
(après coup)

Cinq dialogues à distance

1

— Vous avez vu la moto ? C'est le fils.
— Le fils de qui ?
— Le fils de la ferme… Vous faites un film sur la Berbeyrolle, non ?
— Oui… mais au temps de la Résistance.
— J'étais gendarme à cette époque… La ferme, je la connais.

2

— Vous étiez là lorsque les GMR sont venus ?
— J'appartenais à la gendarmerie nationale. La légalité de l'opération voulait qu'elle y soit.
— Les GMR cherchaient des résistants dans la ferme, n'est-ce pas ?
— C'est pour cela qu'ils ont mis Élisée en sang ! Même le Trois-Ficelles... Il a pris l'enfant par les chevilles et l'a tendu au-dessus de la margelle de la citerne.
— Quel enfant ?
— Seules les bruyères savaient d'où il venait... Le Trois-Ficelles criait à Élisée : « Ou tu composes, ou je le fous dedans. »

3

— Et l'enfant s'est mis à crier en même temps : « Défends-moi, grand-père !... » Je vous l'ai dit, à ce moment-là, c'était l'enfant de personne, et c'était la première fois qu'il appelait Élisée comme ça... Et ce que personne n'attendait s'est passé... Élisée a tendu le bras vers la forêt où se trouvaient les résistants. Il a dit : « C'est là-bas ! »
— Vous étiez présent ?
— Pas de gaieté de cœur, croyez-moi.

4

— Vous étiez encore gendarme, à la Libération ?
— J'ai accompagné le comité de libération qui est venu arrêter Élisée.
— Le comité, c'étaient vos amis, non ?
— Personne ne croyait vraiment qu'il était coupable. Mais Élisée n'était pas un personnage qu'on pouvait traiter comme ça. Il a réglé le problème lui-même... avec son revolver de clandestinité.

5

— Il a dénoncé qui ?
— Les résistants qu'il y avait dans la forêt.
— Le résistant, ce matin-là, c'était moi. Il y avait un mètre de neige à la Berbeyrolle lorsque les GMR sont venus.
— C'est donc autobiographique ce que vous filmez ?

◆

Domaine du Je
(complainte)

      Celui des signaux de fumée sur la montagne

— Il a dénoncé qui ?

Celui des signaux de fumée sur la montagne ?
Le mur qui raconte la partie de pelote ?
Celui de la pelote lancée ?
Le maître-magicien-du-jour ?
Les quatre pattes du chat ?
Le porteur des silences ?
La voix d'en dessous ?
Celui de la palpitation ?
Le regard du coyote ?
Celui des pierres qui regardent ?
La mue du serpent ?
Le réveille-étoiles-du-matin ?
Les témoins des aubes passées ?
Les plumes du serpent ?
Celui des rendez-vous du maïs ?

◆

Domaine du Tu
(après coup)

      Le dialogue supplémentaire

— Il ne m'a pas dénoncé.
— Le comité de libération disait le contraire.
— Sait-il que de la Baltique à l'Atlantique, la seule porte qui se soit ouverte, après mon évasion, est celle d'Élisée... Ici, dans cette ferme ?
— Filmez-la bien, alors... Tout ça va être démoli... Le petit-fils à la moto, c'est celui qui s'est donné un grand-père ce matin-là, et maintenant il a obligé la fille d'Élisée à la vendre...
— C'est la deuxième mort d'un fermier comme il n'y en a plus... Il est des nôtres.
— Qui ? Le petit-fils à la moto ?

Domaine du Nous
(antagoniste)

Le porteur des silences

Où l'image est dans l'impasse
le son devrait ouvrir
mais à qui ?
Nous ne savons plus parler, nous montrons.
Comment l'oiseau pourrait-il se faire entendre
par l'homme-arbre ?
Pourtant son chant dure
des jours, des nuits, des semaines.
La naissance d'une ziggurat
dans la forêt de l'arrestation.
(Peut-elle être contenue dans un son seul ?)

◆

Domaine du Tu
(autobiographique)

Le mur qui raconte la partie de pelote

Le personnage qui, dans la forêt, avance
sous les coups de crosse des GMR
sans pantalon, sans chaussures
dans la neige jusqu'aux genoux
les mains en l'air
tu dois être à l'intérieur de lui.

Savoir les mots justes de cette aventure
quelle histoire réhabiliter autour d'elle
pour que partant des apparences
les mots se recréent univers
et qu'ils soient sa présence parmi nous...

La bataille n'est pas contre ces hommes à fusil.
Elle est entre le réalisme
et le dire par d'autres voies
du passage de l'oiseau
dans le ciel plombé de la Berbeyrolle ce matin-là.

Domaine du Tu
(interrogatoire)

Celui de la pelote lancée

— Alors ?
— Ce matin-là dans la forêt aux ziggurats...
— Parle français !
— Voilà... Il y avait de la neige... elle couvrait tout. Le voyage blanc pouvait commencer.
— C'est pas ça...
— C'est quoi alors ?
— Qu'est-ce que tu foutais dans le maquis ?
— Et l'oiseau, lui, qu'est-ce qu'il y fout ?

◆ ◆ ◆

Le tournage de l'oiseau mort

▼

Domaine du Tu
(divisé par tous les autres)

Mur qui raconte la partie de pelote

Tu avanceras
à l'endroit où se trouve ton groupe.
Tu le reconnaîtras.
Les matricules se suivent,
un chez-soi dans cette indifférence océanique
toujours tirée au carré.
Tu te vois pénétrant,
comme AUTREFOIS sur
la PLACE DES APPELS,
un peu moins vite
les raisons de ta présence ne sont plus les mêmes.
Tu voudrais retrouver ton groupe,
chaque matin il en manque.
Les souvenirs qu'on croyait ineffaçables ont quitté leur place
ils ne sont plus là.

Matricules et noms
suivent le même chemin que les traces du meurtre.
Et te voilà dans l'impossibilité de te NOMMER
de donner
un matricule comme faisant partie d'EUX.
(Pourtant les trajets sont russes, danois, yougoslaves, espagnols, juifs,
français : la bataille toujours renouvelée – mais fantôme.)

◆

Domaine du Nous
(antagoniste)

Le porteur de silences

Le film devrait bannir toute image en mouvement
pour devenir un son unique,
le VENT de la BALTIQUE
adieu-vent-on-se-retrouve-au-crématoire.
Les vocables sont devenus un destin,
et les langues des révolutions perdues
brûlent de l'intérieur à travers les signes
en qui le massacre a établi ses quartiers d'hiver.
Enterrés ces morts vides des crématoires
et leurs mots abandonnés par la couleur ?
Enterrés c'est dans la terre, pas dans le vent !
Alors on les invente
on les met dans le vent
(les mots et leurs morts).
In-venter la bataille du siècle a ses mots propres.

La voix d'en dessous

Les techniciens continuent
bien au-delà de la nuit dans laquelle s'enfoncent les camps
à vouloir être sur la pellicule, le destin des hommes.

◆

Domaine du Nous
(archives)

Le regard du coyote

UNE PHOTOGRAPHIE, TRAJET POUR QUELS PROJECTEURS ?
SA LÉGENDE : INTERNATIONAUX À LA VEILLE D'ÊTRE EXÉCUTÉS.

Ils posent pour l'histoire
sur le sable mouvant
des lendemains qui chantent
du pain et des roses pour tous
dans la détresse de l'enfermement.

À leurs guenilles, ils ont ajouté une fierté
qui aurait voulu interpeller une autre histoire
laissant sans histoire l'instant dans lequel
les maintient désormais le déclic du photographe.

Mais les nuits de tortures
et les jours de wagons plombés
ont faussé tous les rapports.

◆

Domaine du Nous
(de majesté)

Les quatre pattes du chat

Le photographe n'a pas agrandi le cadre
excluant le seul interlocuteur des Internationaux
le crématoire,
son allure de petit rentier
son ascension de petite entreprise.
Autour de sa façon d'interroger le ciel :
les cellules
les cubes d'expérimentation
la vivisection
les chambres à gaz et leurs douches de HLM
les piqûres au cœur

la toise perce-nuque
et les jets d'eau pour le départ des traces.
En briques réfractaires, les fours.
Le feu
l'eau
la terre
le vent
ici pris en charge par les regards d'une Internationale
qui arrête le destin
au moment où il va les broyer
(le soir même de la photographie).

◆

Domaine du Elle
(perplexe)

La mue du serpent

Triangles rouges, feux follets d'un cimetière
où tout ce qu'on en dit a réellement existé.
Sur quelle poitrine les fixer ?

◆

Domaine du Tu
(appel)

Mur qui raconte la partie de pelote

Tu additionneras les pronoms.
Au bas de l'addition tu seras seul.
Les contraintes du camp ont changé.
Dramaturgie qui se joue avec d'autres intelligences
que la tienne
sur d'autres trajets
que les tiens.
Quoi qu'il en soit, tu ne poseras aucune question.
Trop de défaites y sont mêlées

pour toujours les comprendre,
trop de chemins de croix
dits et redits.
De tous les Internationaux qui ont chanté
il reste encore les spectres
et une poignée de pronoms
tournant en rond avec eux
autour de la place des appels.

◆ ◆ ◆

Place des appels

Ils + Vous + Nous + Elle + Tu + Je
(assemblée générale)

▼

Je

(Le pronom ne peut être l'image, l'image ne peut être la bataille. Ils sont le gel l'un de l'autre comme l'heure sur l'horloge peinte de la fausse gare d'Auschwitz.)

Les rafales de vent aplatissent les roseaux. Elles déchirent la peau. Nous tombons, nous nous relevons, nous avançons contre le vent. Un biplan à hélices, mis en marche derrière nous, rend notre avancée inexorable. Qui n'avance pas est décapité, cisaillé par les hélices. Tous avancent. Ils sont des milliers sur la route du vent. Et ils avancent.

◆

Tu

(Tu se construit à l'infini, par suite de dialogues. Chaque demande est une marche d'escalier. La réponse permet d'aller plus haut – peu importe où. L'important c'est la marche franchie, la phrase franchie.)

— À quoi ça servait de se comprendre ? Tu te souviens les bagarres

entre ceux qui proposaient des menus imaginaires et ceux qui défendaient des repas qui avaient eu lieu (réellement)?
— À chacun sa vérité... C'était écrit à l'entrée des camps...
— Une vérité à coups de gamelles. Au bout il y avait toujours la haine de l'autre.
— Depuis longtemps nous avions dépassé le monde animal, même lorsqu'il nous proposait des ailes.
— Pas seulement dépassé, nous étions des végétaux, mus par la chaleur, le soleil, le froid, la recherche continuelle de l'eau.
— Que disent les végétaux lorsqu'ils parlent?
— Nous l'avons su, mais nous l'avons oublié.

◆

Elle

(Elle, difficulté d'être pronom personnel. Sur la rive obscure de la bataille devant la diaspora des choses et des paroles. Sans doute pour longtemps dévastée.)

Le moment est venu. Elle doit partir à la chambre à gaz, elle le sait depuis hier soir. Elle a même échangé son seul tricot contre du pain. Maintenant son matricule est appelé, confirmé. Elle refuse de sortir. Elle s'accroche au châlit. Elle crie. En espagnol... Elle est juive de Bulgarie – même les Espagnols ont de la difficulté à la comprendre. En allemand, presque yiddish, on lui a dit de se dépêcher, qu'elle allait attirer la poisse; elle a répondu que ses parents faisaient l'amour en allemand, et qu'elle n'en voulait pas, pour aller mourir. Archaïque son espagnol est un double refuge : elle s'y accroche tout autant qu'à la barre du châlit.

Soudain, le parler polonais. L'affrontement. Il était inévitable. La Polonaise au brassard kapo a trente ans comme elle, mais trente nourris dans le camp de patates et de saindoux. Tout est joué d'avance. Les mots polonais vont frapper, et les mots espagnols s'accrocher des deux mains au châlit... Le harem du kapo s'en mêle, avec un brouet allemand qui englue tout, et malgré l'âge tendre, dégouline sur tout. Le kapo a reçu de la plus jeune (treize ans) un pilon. Et maintenant elle frappe. Le terrain d'entente est trouvé : le hurlement. Toutes les femmes de la baraque hurlent. Impitoyable le pilon frappe. Il frappe les mains qui s'accrochent.

Puis les mots espagnols lâchent – mais pas la bouillie sanglante qui, au

bout des bras de celle qui doit partir, s'accroche encore. L'os paraît. Une malédiction. Encore les mots bulgares. Puis la fin. *Internationale* des temps de peine. Silence.
Deux moignons. Ce sont deux moignons qu'elle tend comme deux grands saluts fous au-dessus des autres pendant le transport à la chambre à gaz.

◆

Il

(Il, en toutes les langues. Réplique végétale à l'homme au triangle sur la poitrine : un marronnier qui pousse.)

Une moitié arrachée par la foudre, mais l'autre continue à pousser – ce qui lui donne un côté mal assuré dans la répartition des branches. Le marronnier a survécu entre les deux rangées de barbelés qui séparent les Juifs de la quarantaine du reste du camp. Lorsque souffle le vent le marronnier parle – mais pas de la même façon selon les barbelés auxquels il s'adresse. Du côté de la quarantaine, un Juif âgé parfois lui répond avec des mots très longs – et des silences tout aussi longs. De l'autre côté un Yougoslave des montagnes après Maribor. Aucun des deux ne sait ce que l'arbre dit à l'autre. D'ailleurs, ils n'ont pas les mêmes heures, et c'est une chronique des moments perdus. Le Juif lui confie des messages – un testament, peut-être que les feuilles de marronnier reverdiront chaque année. Le Yougoslave, lui, parle le slovène de sa vallée. Il est de la même espèce que l'arbre. Si le marronnier se dessèche, il se desséchera lui aussi. Dans les saisons qui passent, ils ont lié leurs sorts.

◆

Interrompu par les pronoms personnels qui n'arrivent pas à être

— Nous sommes arrivés en pleine nuit, devant la grande porte, dit l'équipe de tournage.
— Nous sommes arrivés en pleine nuit devant la grande porte, disent les Hollandais du convoi de décembre.
Pour qui la grande porte ouvre-t-elle sur un hiver qui semble séquestrer les quatre saisons sous une même neige ?

Pour qui ouvre-t-elle sur une cour des Miracles avec, au milieu, une flamme rouge géante qui monte vers le ciel ?
La grande porte appartient au monde des doubles, l'amalgame est son langage.
Dans cet amalgame
exaspérées
circulaient des langues en haillons de sous-langages.
Ruine.
Banqueroute frauduleuse.
Vocables à casier judiciaire.
Sous la houlette de mots de droit commun dégradés.

◆

Nous

(Nous aujourd'hui cherche à savoir de qui il est le double.)

Peut-être ne s'agit-il pour nous
que du besoin toujours agrandi d'incomplétude.
La bataille fantôme trouve
dans cette incomplétude
sa vérité.

Il n'y a plus de trajet aujourd'hui
pour ceux qui étaient appelés à la grande porte.

◆

Vous

(L'un et l'autre.)

L'un au bord de la tranchée où la chaux va être versée à la tête, sur les genoux. Il a dix-sept ans, et le moral craqué. Le russe ukrainisé de Yakoutie avec lequel il pourrait réagir a craqué aussi. Il ne dit rien.
L'autre, le double de son âge, un français des réunions de cellule de la Porte de Vincennes. Au petit trot de ses pieds blessés, il s'est mis en

rupture de rang pour sauver la moitié de son âge prostrée sur le bord de la tranchée où la chaux va être versée.

— C'est pas bon de sortir du rail... Mettre le wagon en berne ça ne sert à personne... Accroche-toi au tender, ça vaut mieux.

Tout ça à bétonner avec les trente mots d'allemand qu'il connaît. Parmi ceux-ci, il y a l'interdiction de quitter les rangs, mais il n'en a pas tenu compte.

Il n'y aura ni français de cellule, ni russe de Yakoutie, ni allemand réduit à trente mots. Les deux corps fracassés à coups de pelle ont été poussés dans la fosse. Sur celui qui voulait pourrir, celui qui voulait vivre. Par-dessus l'un et l'autre, la chaux.

◆

Elles

(Elles, combien sont-elles (elle + elle = elle + elle +) à veiller une forme qui gît à terre?)

Elle est à terre. La tête dans ses déjections comme on le fait au jeune chat pour qu'il apprenne la propreté. Vienne, Budapest, Zagreb, Prague, Trieste : elle a dansé sur chacune des langues d'un empire d'autrefois. Maintenant, elle ne danse plus. Il y a dysenterie, donc bagarres sauvages pour une place au chaud. Il fait moins douze dans la baraque. Être contre le dos d'un autre malade double l'unique couverture. Mais la danseuse s'oubliait sur les autres. Celles des châlits d'en dessous, et celles d'à côté, l'ont jetée dans les latrines – pieds et bras liés. Il y a dysenterie.

Et la forme courtisée (aimée aussi) dans toutes les langues d'un ancien empire geint. Depuis trois jours et deux nuits, elle n'a presque pas arrêté. La troisième nuit, les latrines ont débordé dans le réduit. Elles ont débordé sur elle. Elles ont débordé dans la baraque. Elles ont débordé dans l'ancien empire. Elles ont débordé sur Dieu. Troisième nuit, la danseuse s'est tue. Ses liens devenus gluants n'ont plus tenu.

Elle s'est levée. Elle a marché jusqu'à la sortie. La dysenterie traçait le chemin. Dehors, c'était la glace. La féerie enfin. Comme sur une scène. Combien étaient-elles venues l'attendre, lui parler? Elles? Qui? Difficile à dire. Elles étaient tellement nombreuses. Et sur scène le rideau ne tombait pas. Ne tombait plus.

◆

Avis aux Ils

D'une image à l'autre les mots ne parviennent plus à s'accoupler
selon leur vérité d'alors. Seul peut-être, le délire des nationalités.

RENCONTRE DE BOXE SUR LA PLACE DES APPELS.

Double ration de pain et soupe à volonté.
Les détenus frappent selon les règles du sport.
Et selon les mêmes règles les détenus encaissent.
L'un des deux est touché, met le genou à terre.
Le cri monte : Achève-le, mords-lui l'œil, tue-le !
En plus de langues que pour chanter *L'Internationale*.

ET DE NOUVEAU,

dix secondes séparent de la chambre à gaz
quinze de l'exécution par la toise.
Yeux, bouches, mains, pieds (par milliers)
ont vécu dans ces cellules la fin des signes
des mots
des croyances.
Les portes du néant sont toujours dans l'alignement.

◆

Le témoignage de Y

Sur cet alignement fait de tant de réalités mortes en croix
un oiseau est entré, une mésange.
Elle s'est battue contre le vasistas
et lorsque ses ailes ne l'ont plus tenue
elle est tombée sur le ciment, et avec elle
sont retombés les détenus à triangles
partis dans une fiction vacante désapprise de tous.

Quêtes indéchiffrables
le rond-point des signes se réduit à une seule lettre
celle qui se lamente devant Dieu.
Que reste-t-il pour un pronom
si les Tables du Nom sont vides ?

◆ ◆ ◆

Le tournage (suite)

▼

Domaine du Vous
(crié)

Celui des rendez-vous du maïs

Jamais l'image
ne pourra dire le bûcher mystique,
les légendes qui débordent les anciens mutismes
pour clamer une vérité neuve,
les invincibles trophées d'une mort linéaire,
leurs corps contre toutes les évidences
gravés au fronton des temps
qu'ils s'en vont falsifier.
C'est ce jamais
qu'il faudra faire passer sur la table de montage.
Coupe après coupe jusqu'à la vraisemblance
sœur ennemie de la réalité.

◆

Domaine du Il
(historique)

Celui des pierres qui regardent

Carrière, deux fois par jour
chacun avec sa pierre tombale sur le dos
pour construire au sommet de la montagne
les demeures de son au-delà.
Géométrie pure de la mort accidentelle
au pas de gymnastique.
Escaliers

marches pour mourir des milliers de fois
dans toutes les langues d'Europe.
Sur cette ziggurat le siècle a succombé.
Et la bataille
qui se voulait réponse unique à toutes les demandes
va s'engloutir dans l'image du général Franco
avec ses tubes
ses canules
ses sérums
ses transfusions
ses injections
pour se maintenir artificiellement en vie
jusqu'à ce que la page soit tournée.

◆ ◆ ◆

Le film du dialogue supposé

— Ce film n'était-ce pas la mort de L'Internationale *?*
— À un moment donné, nous sommes toujours victimes d'un chant.

▼

Domaine du Je
(action)

Celui des signaux de fumée sur la montagne

Quelle distance, en rues de Berlin
peut séparer
le mot lumière
de la lampe tempête du mouvement ouvrier ?
L'un, l'autre, ont essayé de se pencher, de s'envahir
mais les voyelles rabattues
n'ont laissé qu'une évidence de vieux calendrier
(ouvriers assassinés parce qu'ils ont voulu être prophétiques).
Leurs passés les jouent à tour de rôle
autour du Jardin botanique
où Karl et Rosa
à trois heures de tous les matins du spartakisme
repartent à la recherche du rossignol, de son chant.

Qui croit avec eux qu'il suffit de frapper
à la porte des mots pour changer les rues de Berlin?
(Les mots groupés dans des phrases pour être la réponse l'un de l'autre n'y sont pas parvenus.)

◆

*Domaine de la suspicion
et de la souffrance
des pronoms*

Les phrases lorsqu'elles sont proie de l'incommunicabilité

— L'action armée n'a pas contribué à la guerre populaire mais à sa liquidation.
— Où aller? Berlin est coupé en deux dans le sens de l'histoire.
— Berlin est rempli de rues réelles, plus celles qu'il s'invente. Sur celles-ci nous pouvons aller loin, très loin encore.
— L'histoire a perdu l'invention de ceux qui la vivent. La sienne aussi à travers eux. Est-ce pour l'au-delà du productivisme, et la dissolution des classes, que nous poursuivons (en des langues différentes) la bataille?
— Peut-on faire vivre un siècle sur une seule identité?
— La nuit spartakiste reste notre évidence. Sont toujours présentes ses paroles qui appellent les existences mystifiées, mutilées, à se dépasser pour coïncider avec l'histoire (sa prise en main par le travail des hommes).
— Sont présentes aussi les paroles qui prétendent construire le temps humain, comme l'épiphanie des Rois mages a construit les déserts de sable.
— Nous sommes les cigales d'un été qui tourne bref, des cigales sans fourmis, à court de fables.

◆

Domaine du Il
(opportuniste)

Celui de la palpitation

Les pronoms personnels n'inventent plus les grammaires.
Celles-ci deviennent société
l'État les fait fonctionner – et l'État c'est personne.
Le plan des salles de production d'autrefois
est le personnage plébiscité.
Ses néons disent jusqu'au soleil levé :
« Le syndicat du bois
refuse que les métallurgistes vissent des panneaux de bois,
le syndicat des métaux
interdit aux menuisiers de les pendre avec des vis en métal. »
Ainsi s'est établi le langage de l'impuissance.

◆

Domaine du Il
(contexte)

Celui des pierres qui regardent

La caméra doit être plantée devant un lieu où les militaires
ont tiré au canon sur le prolétariat.
Peut-on faire un décor avec des feuilles de paye ?
Est-il sûr qu'elles donnent plus de vie ?
Sans doute laissent-elles penser que nous pouvons
entrer dans une autre dimension de l'espace et du temps
(comme avec un hallucinogène).

◆

Domaine du Elle
(contexte)

La mue du serpent

De quoi habiller la marchandise et sa rationalité?
De programmes informatiques?
Sortie de l'arc zen
la flèche est figée par le sens obligatoire.

◆

Domaine du Je
(liaison)

Le réveille-étoiles-du-matin

Où les militaires ont tiré au canon sur le prolétariat
les militaires jouent
La Non-Classe nue
de ses vertus prophétiques et réfractaires à l'organisation.
Aux balcons des quartiers bombardés :
ceux qui devaient récupérer comme classe la totalité
de ce qui leur était aliéné.
Les coups de canon ont tiré sur la totalité.
Le prolétariat s'est détruit en tant que prolétaire.
Un siècle d'irréalité et maintenant de musique.

◆

Domaine du Vous
(supposé)

Celui qui vient de l'autre côté du lac

Les militaires ne peuvent plus tirer
sur les prolétaires.
Ce serait détruire la marchandise et sa rationalité.
Aujourd'hui détruire

c'est tirer sur tout ce qui s'écarte de la norme.
Le nombre de ceux qui regardent aux fenêtres grandit.
Que regardent-ils ?
La dislocation, après la fête finie.

◆

Domaine du Ils et Elles
(sans mythe)

Les plumes du serpent

Faire un film c'est faire acte de jour
(autant d'heures autour desquelles
s'organisera – vue, puis conçue –
une aventure exigeant d'être tenue pour vérité).
Les ouvriers ont perdu l'usine
vont-ils, à travers nous, la conquérir dans un film ?
Les mêmes mots qui hier les emprisonnaient
aujourd'hui constatent, comme s'ils avaient abandonné
toute possibilité – étant mots – de renverser les choses.
(Et c'est avec eux
que nous essayons de dire les perdants de l'usine,
victorieux de l'histoire.)

◆

Domaine du Nous
(antagoniste)

Le porteur de silences

Autrefois mages
les mots sont des surnuméraires
de la production sociale.
Sous-employés par automatisation
chômeurs virtuels ou permanents.
Les prophètes d'aujourd'hui disent :
« Ce n'est pas moi qui... »

« Il fallait que... »
« On n'a pas le choix... »
Et comme dans les camps, la musique emboîte le pas.

◆

Domaine du Je
(pendule)

Celui des signaux de fumée sur la montagne

Décider si la nuit spartakiste
(quelque visage qu'elle ait dans Berlin aujourd'hui)
est le fantôme d'une bataille?
un archaïsme?
ou bien une hérésie?
La reconstituer avec des mots
des lumières
des cadrages
et son sable d'ancienne mer
pour s'apercevoir que toutes les sorties d'usine
sont syndiquées à l'intérieur d'un contre-chant
(mis en parcelles, rendu en atomes bloquant les voies
d'une souveraineté à laquelle chaque usine était promise).

◆

Domaine du Y
(menacé)

Celui de la palpitation

Mort, le sujet historique ressuscite
mais sous quelle forme?
La Non-Classe des non-prolétaires industriels
un titre qui ne fera jamais recette.
C'est toujours la recette qui donne un sens à l'œuvre.

◆

Domaine du Elle
(fleurs coupées)

Post-scriptum

À Berlin
toi seule
nuit spartakiste
(sans pronoms personnels),
et la bataille...

◆ ◆ ◆

**Tournage toujours inachevé dans
un pays hypothétique**

*Après un escalier
un autre escalier.
Les paroles dites y sont parfois gravées
et les non dites en souffrance
— mais toujours présentes.
Au-delà de la bataille que chacun présuppose
il y a l'Autre bataille.*

▼

Domaine du Ils
(Christophe Colomb)

À inventer.

Ils x Je x Tu x Il x Elle x Nous x Elles
réconciliés en un seul nom
et les obligations de ce nom :
CHRISTOPHE COLOMB (l'Autre)
pour la reconquête de l'Amérique ?
Ce point d'interrogation fut notre défaite.

◆

Domaine du Je
(premier débarqué)

Le réveille-étoiles-du-matin

Défaite – mais défaite autre.
À Cuba il y avait l'Autre Internationale :
le cinéma politique.
(EUX x EUX derrière la caméra.)

◆

Domaine du Eux
(cinéastes)

Le pays hypothétique

RECONSTITUTION AUTOUR DE DEUX RÉPONSES
— J'apporte une baleine pour prouver que l'Amérique existe.
— Je viens d'une défaite. Curieusement nous n'avons que des défaites.
ET UNE DEMANDE
— Le cinéma politique, c'est quoi ?

Le Soviétique : Vous venez de chez les autres ?
Le Polonais : Une baleine ? Vous venez d'où ?
L'Allemand : Des défaites ? Vous retardez d'une bataille.
Le Polonais : Vous voulez sans doute parler du chant de la baleine ? Vous ne retardez plus d'une bataille mais d'une guerre.
Le Soviétique : Le cinéma politique… vous voulez savoir ? Ce n'est rien d'autre qu'une question de ponctuation.
Tchèque : !
Polonais : …
Bulgare : —
Soviétique : ,
Allemand : ;
Cubain : (sans ponctuation)
ET LE POINT D'INTERROGATION ?
Quelles que soient les batailles qu'il s'invente l'homme reste immuable. Seule la façon dont les batailles s'inventent marque une avancée (vers quoi ?).

◆

POÈME CINÉMATOGRAPHIQUE 91

Domaine du Nous
(engagé)

Les quatre pattes du chat

Existe-t-il une joie de l'image engagée
dans un combat que les autres s'inventent ?
Le soleil, les Carnaverals
et les pierres chantantes de Pinar del Río.
Les feuilles du sucre coupent.
La taille sur pieds est toujours trop haute.
Frelons et mots d'ordre insistent.
L'Autre Christophe Colomb entre dans la révolution
et la caméra prend la lumière dès qu'on quitte l'œilleton.
Comment les concilier à ce gigantisme
que l'événement apporte à chaque homme ?
En restituer le dessin
à l'intérieur du même cadre
devant lequel font la guerre pour y entrer
les toujours mêmes points cardinaux.

Le maître-magicien-du-jour

Le parti pris des lumières
parmi les apparences
qui en saisissent plus un savoir qu'une forme.
Elles ne rendent pas le visible. Elles rendent visible.
Rêve de cadre : cesser d'être un parc à personnages ou objets
pour devenir l'image elle-même.

◆

Domaine du Ils et du Elles
(identités)

Les plumes du serpent

Les personnages du scénario se portent-ils
ou sont-ils portés ? sur quelle ziggurat du pays hypothétique ?
En quoi la bataille est-elle déterminante ?

Ne la cherchent-ils pas pour trouver la place du Je
comme addition aux lieux de survie ?
Nous entrons
et sortons des images,
mais chaque fois surpris par l'improvisation
de spectacles ensevelis dans l'invisible
nous devons sortir révolutionnaires du scénario
comme le chant de la baleine
sort de sa propre immensité.
Chaque geste crée, maintenant,
l'espace dans lequel la baleine se meut.

◆

Domaine du Elle
(impliquée)

La mue du serpent

Le silence déshabille le paysage.
Le vide qu'il crée le laisse nu.
Les bruits du Carnaveral habillent.
Le coup de machette est une couleur.
Le paysage participe à l'urgence
qui porte le Carnaveral à entrer dans les mots à barbe blanche
avec lesquels l'histoire se réinvente.

◆

Domaine du Nous
(encerclé)

Les quatre pattes du chat

Le cadrage est fonction de l'événement
(mais l'est-il aussi de l'histoire ?).
En face : la rade de La Havane, avec en permanence
un croiseur atomique US.
Derrière : les locaux éventrés par les bombes venues, la nuit, de Miami.

Sur le flanc : le passage des volontaires avec des fusils de bois.
L'image n'y échappe pas.

◆

Domaine du Nous
(dans la rue)

La voix d'en dessous

Le son aussi.
Dans la rue les haut-parleurs
interrogent la bombe atomique.
La réponse ne vient que très tard dans la nuit :
le chant d'amour des crapauds-buffles.

◆

Domaine du Il
(studio)

Celui des pierres qui regardent

Les coqs de La Havane
chantent la robe de la vierge poule toute en plumes
prélevée dans les fermes collectives.
Il (x Je x Tu, Nous x Ils x Elles)
retourne à l'heure des éboueurs
pour annoncer le monde nouveau.
Les camarades tournent avec des caméras de bois
(comme le fusil).
Les peintres peignent avec la terre.
Le décor misérable de près : rien que des déchets,
merveilleux de loin : la féerie.
Double appartenance : le ciel et la terre.
Nous ne la quittons pas.

◆

Domaine du Je
(transplanté)

Celui des signaux de fumée sur la montagne

L'Autre n'est pas au bout de la trajectoire du regard.
Serait-il la trajectoire elle-même ?
Notre mythe, peut-on l'appeler notre dispersion ?
Il est né de la guerre civile (dans les casernes de Barcelone).
Entrée : libertaire.
Sortie : militaire.
Nous retrouvons les casernes
mais remplies de présences contradictoires
de pierres surchargées de messages
tous d'avant.
Le mythe multiplie, en nous
un labyrinthe
où Je s'additionne du Tu qu'ils ont été
dans une hypothétique rencontre aux quatre coins
de l'époque.
Le Il se multiplie du Nous qu'ils seront
cherchant ceux qu'ils ne seront pas.
Ils et Elles cherchent la soustraction
dans la réplique à un toujours même affrontement.
Avec qui ?

◆

Domaine du Nous
(rapport)

Le regard du coyote

Dans le Carnaveral
au milieu du paysage
la parole commence à saigner.
La parole autre, la parole des autres.

◆

Domaine du Je
(mobilisé)

Le réveille-étoiles-du-matin

Les paroles autres
(et qui croyaient l'être)
nous les avons préparées avec opiniâtreté,
malgré les accords et les compromis
nous n'avons jamais su
si l'Autre Colomb fait partie de la révolution
ou s'il en a été chassé dès qu'il a crié : « Terre ! »
en voyant le pays hypothétique.

Celui des signaux de fumée sur la montagne

Le chant de la baleine
désespérément
continue à se croire prophétique
mais personne ne l'entend.
À l'écouter – rongés par les points d'interrogation,
Tu est divisé par Tu, Il par Il, Nous par Nous, Je par Je.

◆

Domaine du Il
(complémentaire)

Celui des pierres qui regardent

Chocs, carambolages, réservoirs crevés, caoutchouc brûlé
ramènent l'histoire à un accident d'autoroute.
La baleine est sur les chemins qui chantent
(sans rien connaître de son chant)
mais aussi sur l'autoroute
vers les constellations égalitaires
les signalisations entre les arbres utopiques
les espaces verts.
Sur deux voies
qui font de chaque pronom une fausse lecture.

Domaine du Nous
(archives)

        Le regard du coyote

Pays hypothétique en liesse.
Carnaval de jour de l'an.
Avance la baleine
elle représente le cinéma.
Toute pensée fluide, lave, feu
finit par s'étouffer dans ses propres lois.
Peut-être le char de la baleine a-t-il seulement devancé.
La baleine est désormais une reine vaincue
attachée au char de ses vainqueurs.

◆

Domaine du Vous
(spectateur)

        Celui de l'autre côté du lac

Mille fois répété
en habits de fête,
me voici : Vous
à contre-temps
et à contre-vraisemblance
parmi les verroteries qui remplissent
les soutes des caravelles du Grand Amiral
pour être déversées.
Sur les plages du Nouveau Monde
il y a la baleine.

◆

L'Autre Internationale
(2ᵉ prise)

Le chant de la baleine

— Moteur, dit le cinéaste cubain.
— Ça tourne, dit le technicien soviétique.
— J'annonce ? demande l'assistant tchèque.
— Excusez-moi, mais c'est en Pologne que tout se passe, dit le cinéaste polonais.
Le cinéaste italien sourit, il ira au bordel ce soir.
Le Hollandais est parti pour une autre terre (tout aussi hypothétique) où sa fraternité, pense-t-il, est nécessaire.
— Stop ! dit l'Allemand (de l'Est).
Et encore :
— Attention, on recommence !
— On recommence, dit le Bulgare.
— Moteur, disent les Cubains.

(C'était donc ça... ?)

◆

Domaine du Je + Tu + Il + Elle
+ Nous + Vous + Ils + Elles + Eux
(défaits)

L'Autre Christophe Colomb

Verroterie
notre aventure
mais verroterie revendiquée
qui ouvre des plaies qui ne se referment plus.

◆

◆ ◆ ◆

Courts-métrages illustratifs

▼

Premier court-métrage

Image

1

Marches d'escaliers.
Elles sont épuisées de transporter des ombres
qui ne leur appartiennent pas.
Elles ne disent rien.
La tentation de la poussière.

2

Marches empêtrées d'ailes, de nageoires, de pieds palmés,
de reptile aux yeux de vase.
Elles feignent l'abandon
couchées sur elles-mêmes.

3

Marches des escaliers de nuit :
colosses, aveugles, monde arachnéen, fibres pourries. Maladif espoir
d'approcher à tâtons tout ce qui
pourrait être Histoire.
(Histoire des ziggurats?)

Son

3

Les marches : Qui pourrait vivre sans mythologies ?

Voix derrière l'image en rupture avec la bande son :
Nous de majesté,
pris dans une aventure

qui porte en elle sa propre impasse
et qui n'échappera à la condamnation
qu'en devenant l'infini de l'impasse,
entre
Soleil levant (peinture Renaissance ouverte sur le réel)
et
Soleil couchant (les écrans vidéo, matrices illimitées
de la simulation).

◆

Deuxième court-métrage

Image

1

Un escargot sur une marche.

2

Un autre escargot sur une autre marche.

3

Un troisième escargot sur une troisième marche. Elle répond.

4

Les trois escargots avancent
et réfléchissent sur le plan dessiné d'une ziggurat.

Son

2

La marche : Combien passe-t-il d'escargots ?

3

La marche : Beaucoup. Ils laissent toujours des traces. C'est à l'ombre de notre histoire qu'ils s'adressent.

4

Le plan : L'histoire ?

◆

   Seule la peinture conteste l'hégémonie optique
À ne vouloir désigner
que ce qui constitue le visible
nous voilà souris béribériques
tournant jusqu'à l'usure
autour des fatidiques mouvements de l'être ;
leur invention, une hampe sans drapeau
(seulement la berne).

◆

     Troisième court-métrage

      Image

       1
Les êtres doubles regardent un écran
où le chien de la mémoire grimpe les escaliers.
En optique géométrique
en optique photochimique
en optique photoélectrique.
Ils sont déçus.

       2
Sur l'écran le chien s'arrête pour répondre.

       3
Entre dans l'image l'équipe qui filme le chien de la mémoire.
Le chef-opérateur parle.

       4
L'ingénieur du son se tourne vers les êtres doubles.

       5
Dans la salle regardant les êtres doubles qui regardent l'équipe filmer le chien de la mémoire, le spectateur.

Son

1

Les grands cervidés : C'est tout.
Taureaux à cornes en forme de lyre : — Les animaux que ces escaliers attirent comme la fleur vénéneuse attire l'insecte sont condamnés aux supposés goûts du public.
Les soleils qu'autour d'eux enfantent les onagres : — Que faire ?

2

Chien de la mémoire : La rencontre entre industrie et art nous maintiendra toujours dans les limbes du dire.

3

Nous de majesté : Excès et concision, deux rhétoriques de la lumière qui maintiennent l'image inapaisée.

4

Nous antagoniste : Vous savez qui nous sommes ? L'art et l'industrie sur un divan de psychanalyste.

5

Vous assis : (Il ne dit rien.)

Image

6

Neige (celle des paysages blancs libérés par la peinture ?
celle des images photoélectroniques qui disent la fin de l'émission ?).

◆

◆ ◆ ◆

Le montage

Fin de la verticalité.
La ziggurat devient horizontale
un convoi sur rails avec désormais
un destin de gare
de signaux d'aiguillage.

▼

Bivouacs autour d'une gare

Pronoms en attente.

?

La gare est factice.
L'heure est peinte.

?

Un seul pronom agissant désormais
le Vous spectateur premier
des rendez-vous du maïs.
Les autres ? En attente.

?

Sur les quais les pronoms du tournage devenu inutile.
Suite de masques eskimos avec, à l'endroit du regard
chasseur et proie confondus.

?

Plans fixes féminins, plans mouvements masculins
brassent bonheurs et malheurs
de la catastrophe toujours imminente.

?

Commence le temps où les images pour décrire le cinéma
et les images qui voudraient être un film se mêlent
parfois se déchirent.
Les morts inutilisés jonchent déjà le ballast.

> ?

Aux paysages qui vont être maintenant ceux de l'image
la toujours même question est posée :
« L'ombre, le reflet
qui de tout temps ont été refuge contre la mort
pourront-ils franchir le trajet qui fait
d'une corporation de signes arrêtés
un langage en instance ? »

> ?

Derrière le premier spectateur,
les grammaires en attente.

> ?

S'en échappant parfois des pronoms
qui remontent le long du quai
comme pour un convoi funèbre.
Expliquant aux images qui en font partie
qu'elles vont renaître dans la danse.

> ?

Joie de tous se retrouver dans un mot :
le bout à bout.

> ?

Le film va-t-il devenir son propre univers (?)

◆

Domaine du Vous
(premier spectateur)

Celui des rendez-vous du maïs

Les rendez-vous du maïs ?
La somme d'autrefois les coups de ciseaux
faisant apparaître
non des personnages qui existent déjà
mais les rythmes d'autres
susceptibles d'en faire apparaître
d'autres encore

·

dans l'épaisseur de la fiction.
L'image ne peut transmettre de vérités.
Elle n'a pas à être vraie mais exacte.
Le son dans et hors cadre est porteur de la parole
il installera la différence.
Guerre civile dans une guerre civile
comme sur les terres d'Espagne :
les images s'organisent, et les sons se contredisent.
De cette guerre possible naît à chaque instant
le montage possible.

◆

Domaine sur rails

Convoi

Les anciens des combats de la parole
ceux des forêts à ziggurats
ceux du marronnier sous le vent de la Baltique
ceux des adieux au prolétariat
et la baleine des pays hypothétiques
arrachés à leur façon de mourir
s'embarquent sur les quais de la fausse gare
enfermés dans les cellules dont la répétition fera le film.
Ils sont dans l'attente des apôtres, le Christ parti
– le don des langues
pour être compris de tous.
La Pentecôte est le seul moment du Livre
qui réponde à Babel.
Grammaires, où allez-Vous ? allez-Nous ? allez-Il ?
(Vous, Nous, Elle, Tu
quittant les terres de l'œil nu pour errer
dans les climatisations de laboratoire,
perdus les signes, et leur pourquoi de signes.)
Des stéréotypes ignorant les mots dont ils sont faits
n'en retenant que la ponctuation – enchaînés,
fondus, surimpressions, cache
(ou la musique de contrebande).

Celui des rendez-vous du maïs

Le premier spectateur
est la contrebande et la douane en même temps.
À l'image, la gestion de l'espace.
Au son, celle du temps.
Au montage d'en être, comme pour les alchimistes
le fluide.
La coupe juste donne aux images
un sentiment de liberté contagieux jusqu'au déraillement.
La réalité déchirée en mille loques par le tournage
va essayer de trouver, par le biais du rythme
une vraisemblance
et par la vraisemblance, un habit.

Mixage

La finitude des fleurs
l'impassibilité orgueilleuse des astres
les infinies scénographies
avec lesquelles le mixage entre en communication
qu'en reste-t-il ?
Le mixage maintient une distance orageuse
avec cette réalité du sensible qu'il aspire à signifier
mais jamais à convoquer dans sa terreur
dans sa précarité, dans sa présence allusive.

Entretien accordé par le TRAIN
du premier film de l'histoire du cinéma
tourné par Auguste et Louis Lumière
entrant en gare de Bandol :

— Comment avez-vous pu entrer dans l'image ?
— Grâce aux aiguilleurs qui de loin ont influencé toute la démarche.
— Que ressentez-vous ?
— Une difficulté d'être... Un manque...
— La cause ?
— Les gares brûlées en cours de route et qui même oubliées forment le trajet qui conduit devant les objectifs des frères Lumière.

Contes ferroviaires

Avec la parabole, le pronom devient pari sur la spirale.

Avec la technique, il vit la promiscuité de mots stériles, le plus souvent remplacés par une voyelle ou une consonne (e = mc², ... a ≠ b).

Une illumination devient immanquablement une prévision.

Rien ne peut être donné une fois pour toutes à un pronom. Sa liberté – comme celle du Livre – est noire, les doubles s'y libèrent, rendant par moments la grammaire coupable d'exister.

La grammaire participe à la parabole mais sans la comprendre, serait-elle parabole du pronom personnel.

Assis à l'intérieur de lui-même, commence l'exil du pronom personnel. Est-il coupé pour autant des pourquoi ? et des comment ?

Et si les personnages de la bataille étaient ceux qui, de loin, ont été les aiguilleurs de l'aventure filmée ?

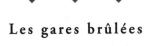

Les gares brûlées

▼

Je, Vous, Il

Le convoi passe par Pékin.
Sur les quais Mao Tsé-toung sourit en deux langues.
Le même sourire que le jour
où il a arraché une feuille blanche de son carnet
et dit : Signe ! L'homme nouveau, c'est ça ! Il dépend de ta signature !
Même au-delà du mausolée
il sera toujours celui qui arrache une feuille blanche
de son carnet.
Cette feuille blanche, Je l'a ramenée en Europe
– et Je l'a montrée partout.
Ainsi a commencé la longue marche

de l'homme-image blanche.
Mais cette fois, il y a tout un convoi
et c'est Grand Vous qui le traîne.
Mao sourit toujours.
Il arrache toutes les pages du carnet
et imperturbable dit : Signe !
Triangulation Je-Vous-Il.

◆

Elles, Il, Vous

Toutes les gares de Paris sont Bernard Saby.
Il en a inventé les stratégies diurnes et nocturnes.
À l'une ou l'autre, le premier spectateur ne peut échapper.
Il doit s'y arrêter.
Un tableau de Saby conduit invariablement
à la bataille qui n'a pas eu lieu.
Les gares de Paris sont là pour le dire.
Toutes leurs « ferrovies » se construisent sur
les analogues du réel.
Les sur-dialoguant, Saby donnera leur réalité
aux impossibilités d'être de la bataille.
C'est à bord de ces analogues que Grand Vous arrive.
Un convoi pour quelle gare ?
Peu importe.
Le voyage intérieur aboutit à la même gare
que celle du voyage extérieur...
Lorsqu'il dit : Il n'y a pas qu'une seule bataille, la folie est faite de vitres claires...
il les peint.
Le train a des vitres claires. Il en croise d'autres
avec les mêmes vitres. Impossible de se voir à l'intérieur.
Est-ce à cause de la folie ?
La transparence rend aveugle. Le cinéma ne rend pas aveugle. Sa folie ?
C'est de la simuler.
Elles, Il, Vous, triangulation difficile
arrêt de tous les convois.

Nous, Nous, Nous

Le train traverse les collines de l'hérésie. Nous à bord. Les collines se multiplient. Jamais Henri Michaux n'a été aussi nombreux. Des centaines de Henri Michaux : une forêt. Le train traverse la brume hivernale. Nous, en constant éveil, autour d'un homme multiple dont le rêve a toujours été de l'appeler Nous. Trame végétale sur laquelle se retrament le chapeau marron, la veste bleue, l'imperméable mastic, le regard clair à force d'acuité. Nous appelons, nous appelons. Michaux est là d'arbre en arbre. Encore une colline. Embuscades et identités sont une même aventure. Savons-nous qui nous appelons ?

— Le cinéma n'est plus une absurdité, mais une réabsurdité. Nous appelons. La triangulation devient une trinité. Nous, Nous, Nous. Train hors les rails.

◆

Je, Tu, Eux
(fantômes)

Convoi en altitude à travers la neige. Il ne peut s'arrêter. Mais le monastère de Tamié n'est pas un arrêt, c'est un tremplin vers d'autres altitudes. La mort de Dieu est née du monde des images. Il est ressuscité à Tamié. Le troisième jour (comme l'Autre). Le train ne peut traverser l'histoire secrète de Dieu avec les hommes. Doit-il repartir ? Le peut-il seulement ? Le cheminement mystérieux, incontrôlable de l'en deçà et de l'au-delà, peut seulement être dit : Je ? Tu ? Les pronoms personnels, enfants de la gare factice, sont-ils encore nécessaires ?

Un autre Je, un autre Tu, un autre Eux. Triangulation fantôme. La neige qui tombe devient à elle seule, un trajet.

◆

?

La gare ? Une ancienne île. Paddy Doherty y vit sa retraite (la retraite de l'île), la solitude envahissante, et le froid. Dans une île où chaque habitant a quatre mille ans d'existence, Paddy Doherty est essentiellement présence. Toutes ses années réunies le disent, étant

entendu qu'avec lui il n'y a que le monologue (le dialogue ne pouvant exister qu'au futur). Combien d'existences dans ces quatre mille ans? Une seule, celle d'une langue assassinée qui ne se décide pas à mourir. Eux (ceux du convoi) lui racontent le tournage espérant chaque fois qu'il s'agisse d'une bataille, et chaque fois Ils se trouvent face à un Je à l'infini bardé de poèmes, d'interrogations – ce contre quoi par manque de foi, les religions ont échoué. L'autre gare, l'autre train, l'autre île, toujours dans l'espace d'un dire. En? Eux? Moi? Mais avec des rapports à réinventer. Pour être raccord, Paddy Doherty porte depuis quatre mille ans le même costume. La beauté des siècles est en lui. Train arrêté?
? (de quelle triangulation est-il le point?).

◆

Un rail cherche à fuir une bataille perdue
l'autre rail cherche à l'atteindre, victorieuse
à travers toutes ses identités reconquises.
Où aller?
(Seule certitude, la présence de ?)

◆

Je? Vous? Ils?

C'est toujours le même chien de la mémoire
qui fonce droit devant lui mais, cette fois, perdu
entre les rails.

(Les rails garantissent la bonne fin du film.)

Entretiens avec le Poème cinématographique
et ses pronoms personnels
menés par trois villes, Paris, Berlin, Barcelone,
un village des collines du Pô, Pianceretto,
un camp de concentration, Mauthausen,
et un non-lieu, Monaco.

1985-1986

SCÉNARIO À HUIT VOIX

Masculin :
Je
Tu
Il
Ils (M + Il)

Féminin :
Elle
Elles (F + Elle)

Ambidextre :
Nous (F + Je)
Vous (F + Tu)

I

Je, page zéro de la grammaire

▼

LA TOUR D'AUGUSTE. — Grammaire en attente, la tour d'Auguste. Ici, au croisement de la réalité, du symbole, des souvenirs, et de l'histoire souterraine : la parole. Commence le premier appel (un cri, pas encore un mot) de Je, fils de Il et de Elle.

MONACO. — En bas, c'est la célébration du corps torturé de Dévote (vierge et martyre) dont la barque est venue d'Afrique s'écraser sur les brisants du vieux port. Du palais princier, des coups de canon, et dans le port, on brûle un bateau expiatoire. Dans ce fracas, Il attend Elle.

LA TURBIE ET LA TOUR. — Ici commence l'entrée de Je dans les grammaires, les prédestinations des mots, et les lourdes expertises à confier au nom des choses.

FEUX D'ARTIFICE. — Naissance, ici, de la parenthèse. (C'est ainsi qu'Elle présentera Je à la nuit des feux d'artifice qui pendant longtemps croiront continuer cette fête à travers le monde.)

PHOTOS. — La sainte de la fête vient d'Afrique, Elle vient des montagnes de l'Europe. Il vient des villes d'Amérique... Il a fait savoir à Elle qu'Il a survécu aux douze coups de couteau des Pinkerton, reçus sur les bords du Calumet à Chicago, et que, le printemps venu, Il l'attendra tous les jours à partir de cinq heures devant le Musée océanographique. À cause du fascisme de l'autre côté des Alpes, Il ne peut franchir la frontière. Elle le sait. Et le printemps venu, Elle traverse les Alpes, pour aller au rendez-vous de l'Internationale. Cette Internationale que Je poursuivra jusqu'au renversement des grammaires, et le départ en exil des langages venus d'en haut. Cette Internationale qui deviendra la bataille de Je, jamais terminée, toujours recommencée. Déjà partout présente avec le siècle, aveugle comme tous les siècles lorsqu'ils sont vus de l'intérieur.

LE CHIEN À CHICAGO. — L'aveugle a un chien – devenu, par la multiplication des images, la mémoire des endroits où tous les pronoms personnels se déclinent. Déjà présent à Chicago.

LE CHIEN À MONACO SUR LES BRISANTS. — À Monaco.

LE CHIEN EN ESPAGNE. SUR LES LIEUX DE LA RÉSISTANCE (FORÊT). — En Espagne et sur les lieux de la Résistance,

CHIEN À PIANCERETTO. — ... ouvrant, d'une génération à l'autre, les chemins par lesquels Elle rencontrera Il. Chemins déjà écriture avant de devenir chant.

LA TOUR D'AUGUSTE. — Dix jours de marche à pied – et maintenant devant la tour d'Auguste, Elle croit que le feu et les explosions d'en bas sont l'œuvre d'Il (son mari, l'anarchiste) préparant l'avènement de la Sociale – avant de se démultiplier en Moyen Je, Petit Je, Grand Je, Je subalterne.

ROUTES DE CRÉA À LA TURBIE. — Elle a suivi les rêves d'une mer que les légions romaines ont tracés à travers la montagne et qui, à vingt siècles de distance, la conduisent...

MUSÉE. — ... devant le Musée océanographique où Lui l'attend.

LA TOUR D'AUGUSTE. — Pour Je, la tour naît avec les premiers mots qu'il prononce. Parallèlement une des premières embauches du Il (d'en bas) c'est la réfection de la même tour. Il a le même nom qu'elle (Auguste).

ALENTOURS. — Et Il va marquer de son empreinte tout le paysage alentour : construction de routes ou plantations d'arbres.

PANORAMIQUE DU ROCHER PRINCIER AU MONT AGEL. — Du Musée à la tour, Je peut encore dire à travers le temps chaque essence, et énumérer chaque bouquet d'arbres.

ARBRES DE LA TURBIE. — Il a grandi avec chacun d'eux et le paysage en figures imposées sur les rochers. Ils ont été les premiers personnages de son vocabulaire.

CASINO. — Les arbres du casino où allaient se suicider les grands vaincus de la roulette ont disparu. Il, en les plantant, en avait fait un dictionnaire fantastique où Je le retrouve encore pèlerin de toutes les langues que le siècle porte sur lui comme un habit dont il s'use à assembler les morceaux. Internationale concurrente...

MOUVEMENTS VAGUES + HOULE DU MUSÉE. —... où Elle s'est multipliée en Elles, personnages des pages blanches de Je – et Il, multiplié par Ils, a suivi.

RAMBLAS DE BARCELONE. — Ici, table de soustraction où Nous, Vous, Ils, Elles, sont à la recherche de l'unité.

RUES DE BERLIN. — Ici, table d'addition dans les domaines du Il.

BARBÈS. — Ici, table de multiplication dans les domaines du Tu.

MARCHÉ DE CASALE. — Ou encore table de division dans les domaines imprévisibles. Les pronoms changent et nous ne savons jamais quelle opération nous sommes en train d'inventer.

AVEC LE CHIEN, AUTOUR DU MONUMENT. — À cinquante ans de distance, les images peuvent se figer. Mais c'est encore Je en train d'éclore à la vie que Je regarde.

MULTIPLICATION DES ÉCRANS. UN HOMME QUI PARLE. — Le Je c'est celui qui parle (à qui ?).

MULTIPLICATION : UN AUTRE QUI ÉCOUTE, UN AUTRE ENCORE. — Le Vous ce sont ceux à qui Il s'adresse.

MULTIPLICATION : UN AUTRE, PUIS UN AUTRE, PUIS UN AUTRE, PUIS ENCORE UN AUTRE, QUI NE PARLENT PAS ET QUI N'ÉCOUTENT PAS (DÉPORTÉS, GUÉRILLEROS, BALEINES, ARBRES, CHATS). — Il, Elle, Ils, Elles, ceux dont on parle. C'est la triangulation de base de tout spectacle. Ce sont les personnages de l'anabase cinématographique.

PASSANT D'UN ÉCRAN À UN AUTRE, L'ÉQUIPE DU FILM. — Au tournage s'ajoute le Nous. (Nous de majesté pour l'image et Nous forcément antagoniste pour le son.)

L'ÉQUIPE ADMINISTRATIVE. — Plus le clin d'œil du Tu artificiel qu'on appelle producteur (celui du mariage barbare entre l'art et l'industrie).

FEUILLE BLANCHE QUI SE REMPLIT DE SIGNES QUI TOUS VONT CONCOURIR À FORMER UN ESCALIER. — Apprendre à un film fantôme à circuler sur des pages blanches…

UN ESCALIER. — Chaque image écrite est pour Je une marche d'escalier. Toute la triangulation des pronoms (Je, Vous, Ils) s'y déplace à sa suite.

UN ESCALIER ENCORE. — Chaque palier est une séquence.

ZIGGURAT. — La ziggurat est la citoyenneté de Je, Lui, Nous, Vous, Ils, Elles, lancés dans un escalier séquence d'escalier à la recherche du Tout…

ENTASSEMENT DES ÉCRANS PORTANT DIFFÉRENTES ZIGGURATS. — Un tout vertical : écran. Comme l'échelle de Jacob et son combat.

LES ANIMAUX DES ZIGGURATS – OU AUTRES ANIMAUX FANTASTIQUES. — Tout au long, le troupeau de minotaures en attente, ombrageux, solitaires, taureaux ailés des ziggurats en marche vers les taurides.

LE MONDE DES ANIMAUX-ÉTOILES (TAURIDES). — Trajets du Je devenant jeu de l'univers (ses hasards et ses nécessités). Depuis la venue des hommes à tête d'animal et leur rapatriement dans toutes nos détresses – le monde spectaculaire n'a pas changé.

GRIMPÉE D'ESCALIER PAR LE CHIEN NOIR. — Le chien noir porteur des mémoires est toujours là d'un point à un autre de nos entretiens sur les triangulations.

ESCALIERS DE MONACO, DE PARIS, DE MONSÉGUR, DE GAUDÍ, DE VARENGO. — Parfois avec le nom des morts inscrit à chaque marche.

ESCALIERS DE MAUTHAUSEN. — L'escalier de Mauthausen, où le siècle s'arrête, et devant lequel le cinéaste perd son identité.

ESCALIERS DU BOTANISCHE GARTEN DE BERLIN. — L'escalier a reçu asile sur les trajets du spartakisme,

ESCALIERS DE MONTMARTRE. — de la Commune,

« ESCALIERS » SUSPENDUS DE BARCELONE. — de l'anarchie, où il devient fil-de-fériste…

ESCALIERS DE MONSÉGUR. — ... et même de la baleine, survivante de combien de déluges, échouée à Monségur pour dire la résistance des pierres au-dessus du Prat des Cremats, et des fours crématoires qui en assument la continuité.

ARBRES DU PRAT DES CREMATS. — Et puis, il y a les arbres.

ARBRES DE LA TURBIE. — Non seulement ceux plantés par Il (Auguste) et qui ont écrit Je des années durant. (Ce sont les arbres qui écrivent l'homme. Pas le contraire.)

ARBRES DU BROUILLARD. — Il y a aussi les arbres du brouillard.

CHÂTAIGNIERS. — Ceux dorés de la saison des argonautes.

LES MÉLÈZES DE PIANCERETTO. — Ceux qui à l'automne sont tous Henri Michaux (encore un père dans la lignée de ceux qui ont enfanté Je sur ces images). Ils parlent de voyage comme le Grand Riton en a parlé la nuit de son départ dans un hôpital de la région parisienne.

ARBRES DE MONTALERO. — Et puis, ceux qui au sommet des villages coproduisent avec l'Histoire à chaque mort des guerres : un arbre.

FEUX DE BARCELONE. — Les mêmes qui, méconnaissables, servent à Barcelone à allumer les feux de l'été.

II

Elle, pronom généalogique

▼

LE PAYSAGE DE CRÉA. — Nous voici à l'endroit où le narrateur, l'enquêteur et l'assassin, sont la même personne. Ils mènent la guerre des symboles. Je subalterne y prépare l'avènement d'une victime accusée de son propre meurtre – et sommée d'expliquer qu'elle est le narrateur, l'enquêteur et l'assassin. Ce sont les domaines du scénario. Quel que soit le lieu où il se déroule, c'est toujours le même trajet (et parfois dialogue), le long des vingt et un lieux de rencontre du mont Sacré.

MULTIPLICATION DES PLANS (DANS LA CHAPELLE DE SAINT-EUSÈBE, EN PARTICULIER). — Ils sont là, avec leurs personnages, à travers les joies et les malheurs des générations, les étés, les hivers, les automnes toujours somptueux. Ils sont là, repris, continués avec amour ou désinvolture – quelquefois lapidés, mis en morceaux, en poussière avec la plus grande violence. (Combien de vieux comptes transmis d'ancêtre à ancêtre continue-t-on à régler?) Pour eux...

LE PARADIS. DERNIÈRE CHAPELLE. — ... le but à atteindre c'est le paradis toujours en construction au sommet du mont Sacré.

LA FEMME EN NOIR. — Le Elle de la tour d'Auguste est ici trop étroit. Existe-t-il un pronom personnel possessif, démonstratif, relatif pour dire la femme en noir mère de Je subalterne, mère de toujours le même dialogue interpellant le ciel d'un film à l'autre, d'un écran à l'autre?

LES COMTES CASALE, GATTINARA ET LEURS ÉPOUSES. — Au départ, c'est le lieu des pronoms personnels vides, les bienfaiteurs, ceux qui passent les commandes, singuliers et pluriels confondus dans les mêmes abstractions. Mais ils ont mis une telle bonne volonté à être là, que les années ont fini par les intégrer à l'histoire des collines – toujours en situation de prier puisque c'est leur position dans les chapelles du bas.

CHAPELLE DE LA NATIVITÉ DE LA VIERGE. — L'aventure du mont Sacré (comme tout au monde) est née d'un œuf – un œuf des derniers troupeaux de dindons de l'arrière-arrière-grand-mère de Promitive, dont les femmes de la famille de Mussolini jusqu'à la mort ont toujours marché pieds nus. Mais avant l'œuf...

LES TABAQUET. — Les Tabaquet, sculpteurs flamands et maîtres d'œuvre d'un grand nombre de chapelles...

ŒUF DE LA NATIVITÉ. — ... ont besoin d'un œuf pour leur projet sur la nativité de la Vierge. Et l'œuf va engendrer la logique de la poule.

CHAPELLE DE LA NATIVITÉ DE LA VIERGE. — Après l'œuf, sera statufiée sous les traits de la mère de la Vierge, l'arrière-arrière-grand-mère. Sainte Anne n'est pas très connue, mais c'est une façon de ne pas mourir. Et puis, il y a Cesca, sa fille (elle vient d'accoucher, précisément). Elle apportera sa vérité à la marmite dans laquelle on lave la nouveau-née. Très réticent, le père finit par trouver place dans les fresques. Même le cousin venu pour une semaine de Turin laissera sa stature de psalmiste.

LES INVITÉES À L'ŒIL BLEU DES BANQUETS. — Les femmes à l'œil bleu de certains banquets sont toujours un mystère. Elles ressemblaient trop aux femmes de la famille des chats pour être flamandes. Pourtant nul ne les a jamais vues aux pauses d'hiver où s'élaboraient les personnages. La famille des chats a émigré à Chicago, mais le bleu des chattes est resté.

LES ANGES-STATUES. — Pour les anges bien en chair, il n'y a pas de doute, la famille Bosco les a toujours fournis. Une famille qui a eu un saint canonisé à Rome – et qui fournit de génération en génération les filles les plus demandées. Elles n'ont pas seulement donné leurs traits aux originaux, mais aussi à la copie dès qu'il s'est agi de réfection ou de restauration. Étant donné l'âge des anges, il faut être enfoncé dans les généalogies comme don Quartero pour distinguer la grand-mère de la fille ou de l'arrière-petite-fille.

LE GRAND PRÊTRE DU BAPTÊME. — Don Quartero s'est retrouvé, lors d'une réfection, grand prêtre une fois pour toutes – mais avec plus de barbe et d'expression dans son visage de la chapelle.

DIEU DANS LE CIEL. — Dieu dans le ciel : il est dit que c'est le regard du père Tabaquet, que nul n'a jamais connu, mais que ses fils (les sculpteurs flamands) ont exporté – et fixé dans un lieu imprenable. Pour quelqu'un d'aussi haut que Dieu, un regard venu de terre c'est une exception. Mais la piété filiale excuse tout aux yeux de l'homme de la terre.

SUITE DE TÊTES DE CHRIST ET DE LA TRÈS SAINTE MARIE. — La Vierge Marie, et son fils Jésus (quel que soit son âge), ne viennent de nulle part. Des étrangers. Personne ne les a jamais vus. Ils n'ont jamais participé à la vie du village. Sans doute est-ce pour éviter les foudres hiérarchiques (les hérétiques dépecés hantent ces collines) que les sculpteurs invariablement ramènent le Christ et sa mère à des exercices d'école. Ainsi tous retrouvent leurs distances.

JUDITH ET HOLOPHERNE. — Judith a été refaite plusieurs fois. Mais au village comme à la chapelle, elle n'a pas changé de nom – et même, dit-on, de comportement. Un sort pèse sur les Judith. Un suicidé pour la première (la raison pour laquelle elle est venue s'établir dans le village). Un paralysé à vie pour la deuxième. Quant à celle de la chapelle, le général Holopherne avec sa tête tranchée est là pour dire que sur les collines le sort lorsqu'il pèse est une chose redoutable.

SAINT JOSEPH. — Saint Joseph n'est pas un jeune homme. Ce n'est pas un édenté non plus. Pour beaucoup le dentier (et le dentier seul) que son petit-fils lui a envoyé de Chicago a fait de Todeschino le dernier saint Joseph (à quoi tient la sainteté…). De toute façon, Todeschino n'a eu qu'un ennemi : le colporteur. Sa grande joie c'est de le retrouver dans la chapelle du mariage de la Vierge, en train de casser un bâton par jalousie.

LES ÉVANGÉLISTES. — Saint Luc c'est Constantin, le grand-père maternel. Les Évangélistes : c'est la famille. Pour Matthieu, Marc et Jean, trois frères, les oncles Anselmo, Denet et Beppo. La femme en noir se souvient que le jour des morts on faisait un crochet par leur chapelle.

ESTHER. SAINTES FEMMES. — Esther c'est « l'écurie » de l'honorable Gozzani. L'honorable a toujours payé le prix qu'il faut pour que les femmes qui « lui ont rendu service » se retrouvent saintes femmes dans les chapelles.

LES SAGES. — Quant à ceux qui soutiennent le parti libéral dans les élections (le parti de l'honorable), ils en sont venus à avoir la tête des sages.

D'AUTRES SAGES. — Les têtes des sages reviennent immanquablement aux prêteurs et aux commerçants qui consentent à certains moments des quantités sonnantes pour faire avancer le bâtiment.

LES BANQUETS DE MONCALVO. — Un seul enfant des collines est devenu peintre : Eugenio. Il en a mis (à peine déguisées) toutes les fêtes aux plafonds des chapelles.

LES ANGES. — Les premiers anges ont été les enfants de sa sœur. Il les a multipliés. On dit que c'est grâce à lui que les collines sont toujours restées jeunes. Après la guerre du Resorgimento, les Caligari et les Costino d'Asti eurent quelques-unes de leurs têtes entre les ailes volantes. Même s'ils ont été recouverts à plusieurs reprises et parfois remplacés, les anges impubères d'Eugenio sont, de plus en plus, les seuls enfants des collines qui rétrécissent à mesure que les années passent.

CHAPELLE DE BESTOLFI. — Le maçon vient de Castelleto Merli où s'est mariée la sœur cadette. Le sculpteur c'est un certain Bestolfi, qui travaille avec un chapeau de bersaglier et une immense blouse blanche. Cette chapelle, la femme en noir l'a vue construire.

JOSEPH D'ARIMATHIE. — Joseph d'Arimathie soutenant la Vierge, c'est le sculpteur.

LA PLEUREUSE. — Sa jeune femme est derrière lui, appuyée à la roche.

SOLDAT ROMAIN. — Le soldat romain c'est le cousin Ernesto. Bestolfi le détestait. Il était imbattable à la *morra*.

L'HOMME À PEAU DE BÊTE. — Quant à l'autre cousin, Ercole (le bien nommé), il n'avait pas besoin d'être déguisé en bête, il l'était déjà.

LE PETIT GARÇON. — Ici la femme en noir a toujours invoqué les âmes du purgatoire. Le petit garçon c'est son beau-frère (le frère préféré de son mari). Angelo, qui par la suite s'est suicidé à Chicago à cause d'une femme blonde.

LES ANGES PLEUREURS. — Ses amies, la Lydia, la Zita, la Ornella, sont là aussi mais dans un âge (comme celui d'Angelo enfant) qui ne leur permet plus de mourir.

DÉFILÉ DE VISAGES. — Les riches, les pauvres, les bons, les mauvais, les travailleurs et ceux qui le sont moins, ceux qui font leur vin comme on consacre l'hostie et ceux qui le coupent avec des crus du Sud, la femme en noir les connaît tous – avant même qu'ils naissent. Elle ne va pas prier sur le mont Sacré. Elle va discuter avec le village. Sur ce mont Sacré, l'habitude aidant, ils sont pour la plupart devenus des saints. Ils appartiennent en même temps à l'histoire d'en bas, et à celle d'en haut.

PIANCERETTO. CASALE. PARIS. MONACO. — Quelle que soit la partie du monde où Elle enfante (pronom généalogique) c'est à la discussion, commencée avec les personnages de pierre...

TÊTES DOULOUREUSES DU SACRÉ MONT. — ... ou de terre cuite, qu'elle revient. Eux, dont la rencontre ouvre toujours sur le voyage au-delà du bien et du mal.

TITRES DES JOURNAUX, LES CONDAMNATIONS À MORT DE L'OCCUPATION. — Son dernier trajet entre les chapelles est devenu la foire aux pronoms personnels. Pour tous, la cour des Miracles des premiers et des derniers moments du scénario. Le Je (né au pied de la tour d'Auguste) est condamné à mort par une cour martiale.

CHIEN QUI COURT SUR LE MONT SACRÉ + LES FEMMES DES CHAPELLES AJOUTÉES LES UNES AUX AUTRES. — Elle est sur les collines parce qu'elle sait que le sort de Je va se régler entre les 21 chapelles. Et toutes les femmes des collines l'accompagnent.

LES CHAPELLES. — Syllabe par syllabe, comme la sébile d'un mendiant qui quémande. Chapelle après chapelle, Elle fait le trajet à genoux. Elle demande. Elle supplie...

CIELS DES CHAPELLES. — ... les au-delà qu'ils se sont inventés et qui disent toujours la mise à mort en une seule histoire, avec des milliers d'autres histoires s'y regardant comme dans un miroir.

LE CHIEN NOIR. —La condamnation du fils a été commuée.

LE PARADIS. — La femme en noir en a reçu l'annonce sur la ziggurat par les élus du paradis toujours en construction.

ÉCRITURES DU SCÉNARIO. — Peine commuée comme le seront tous les scénarios auxquels s'attaquera désormais Je subalterne et qu'un Je (moyen) exposera aux ombres et aux lumières de l'image.

TOUR D'AUGUSTE. — La femme en noir c'est toujours Elle (celle qui accouche au pied de la tour et qui va en transformer le paysage). Elle précède chaque scénario. Elle en parcourt l'écriture.

MONT SACRÉ. — Sa remontée à genoux est pour chaque pronom personnel la façon dont il va s'écrire à l'intérieur des dialogues. Le présent y interroge le passé...

JE REGARDANT LA BALEINE AVEC CHIEN. LE BATHYSCAPHE. — ... et le futur, en se cherchant, leur répond.

III

A. Tu, à titre d'exemple

▼

DERRY SUR LEQUEL APPARAÎT BOBBY SANDS. — Quels que soient les glossaires, le trajet des personnages que nous essayons d'annoncer à travers eux, reste le même.

BARCELONE AVEC DURRUTI. — Ici, Buenaventura Durruti pour le trajet de la prise de pouvoir refusée à Barcelone.

BERLIN AVEC ROSA. — Ici, Rosa Luxemburg pour la marche nuptiale assassinée à Berlin.

PIANCERETTO AVEC FRANÇOIS D'ASSISE. — Ici, François d'Assise sur les collines italiques de l'hérésie.

PARIS. — Et puis Paris, la ville où Je, Tu, Nous, Vous ne sont plus que des pronoms anonymes, tant les trajets s'y accumulent.

PARIS = VARLIN. — L'Internationale s'y écrit prématurée. Celle avec le trajet d'Eugène Varlin, responsable précisément de l'Internationale des travailleurs, arrêté à Cadet sur dénonciation d'un prêtre, et torturé par les Versaillais presque sur la Butte où il a été fusillé. Écrasant son supplice, le Sacré-Cœur de Montmartre y a été érigé.

ANNONCE DE CLAP + HOMMES DE LA COMMUNE. — Clap : « Pronoms personnels sur un des trajets de la Commune ! » Hommes : « Le langage de l'homme quotidien tel que, dans une partie de pelote géante, se le renvoient les siècles. »

MAGNE. — Paris est la seule ville au monde à n'avoir qu'un seul habitant – cadastré et répertorié sous le matricule Jean Magne. Les autres, Il les invente à même la rue, ou dans sa chapelle hors les murs qui pourrait n'être qu'un bistrot s'il ne l'avait fait passer à une autre dimension – tout en restant exactement ce qu'elle est. Magne, de ce fait, est un complot de pronoms personnels : le Vous, le Ils, le Tu et le Je des pensées qui s'interpellent à distance. Il est le pourvoyeur des trajets parisiens. Il en a l'intuition. Il en suscite les personnages. Il dit : « Paris ne peut s'élucider qu'horloge après horloge. Pour donner au temps parisien son visage d'espace, il y a les éboueurs. »

HORLOGE APRÈS HORLOGE. — Sur la ziggurat qui passe par Paris, les horloges deviennent oracles. Plus que la revente de la Bastille en briquettes du souvenir, la Révolution y est encore la mise à mort spontanée des horloges des rues. Et la Révolution se continue sur les sentences renouvelées du temps. Pronoms en puissance, les personnages qui y circulent savent quel sera leur destin dans les écritures du scénario. Ils deviennent des moments qui séparent une horloge de l'autre avec, en diagonale sur chacun d'eux, le grand voyage de l'alphabet. Et pour dire ces destins fabuleux : les images d'horloges municipales au petit train-train d'employé, les publicités offertes par la marque, les horloges de gare qui projettent Paris au-delà des frontières qu'il n'a jamais eues.

LES ÉBOUEURS. — Il y a les éboueurs. Attirails, harnachements, tracteurs, bennes sœurs du cuirassé Potemkine, changent, mais pas l'éboueur : il continue à faire naître le jour en plein Paris. Paris, les éboueurs le dessinent rue par rue, porte par porte, ils le réinventent par élimination, lui enlevant tous les déchets, ils refont les jardins, les parcs, la couleur.

MAGNE. — Paris naît d'eux (paroles de Magne).

LES ÉBOUEURS BASANÉS OU NOIRS. — Chaque jour recommence – avec cinq continents au rendez-vous, silhouettes internationales d'une bataille toujours fantôme. Chaque jour recommence avec une guerre civile dans laquelle entrer.

AUTRES MÉTIERS. — Une fois la guerre civile rallumée, d'autres métiers viendront s'y aventurer.

CHEZ MAGNE. — Aussitôt se posent les questions au premier venu parisien de la guerre civile : Varlin.

HORLOGES. — Elles vont se prolonger d'une horloge à l'autre, dans les rues, les boutiques, les vitrines.

MAGNE ET SES CLIENTS. — Magne et ses faux clients. Personnages du drame sans le savoir lorsqu'ils boivent le café du matin, le vin blanc de dix heures, l'apéritif de midi, la bière de deux heures.

DANS LES RUES, EN MARCHE VERS MONTMARTRE. — Personnages sans le savoir, les maçons, les terrassiers, le local syndical fermé, les commerçants, les clients, ceux qui ne savent pas où ils vont, les statiques, les magasins, les maisons, les trottoirs, les panneaux indicateurs – tous porteurs d'alphabets. Sans en savoir le pourquoi, le comment et le mystère de leur présence, à travers eux, deux fictions se regardent, deux siècles s'affrontent. Chacun entre dans l'événement non encore fermé qu'ouvrait il y a cent dix ans le cri du prêtre : « C'est Varlin ! » répercuté aux quatre coins de la place Cadet.

PLACE CADET, EN ÉCRAN. — Mais nous pouvons nous habiller de murs, de maisons, de rues.

EN ÉCRAN AUSSI : BERLIN, MAUTHAUSEN (VILLE), TOULOUSE. —Multiplier les villes.

TÉLÉPHÉRIQUE AU-DESSUS DE BARCELONE. — Notre passage sur la ziggurat nous ne l'aurons que sur pellicule, dans un temps fluide comprimé ou allongé, avec plusieurs vitesses (marche arrière comprise).

LA MÊME IMAGE DE TÉLÉPHÉRIQUE REVIENT EN ARRIÈRE POUR S'ARRÊTER SUR LES ALPHABETS (OU TOUT CE QUI POURRAIT LES SIGNIFIER). — Notre escalade est inscrite depuis des millénaires dans les premiers alphabets où étaient mises à contribution les différentes parties du corps.

MONTÉE ET DESCENTE D'ESCALIERS. — Ce n'est pas un promeneur qui passe sur ces escaliers, mais la partie d'un corps, puis l'autre, qui essayent de rejoindre l'alphabet premier où Vous est encore Je.

LA MONTÉE DU CHIEN NOIR. — Derrière Vous, le chien noir de l'allégorie porteuse de mémoire.

AZTÈQUES. — Les Aztèques construisaient des prisons pour les dieux vaincus.

REPRISE DES VILLES DANS LES ÉCRANS. — Nos images sont encore ces prisons.

À MONTMARTRE, DANS LE QUARTIER COMMERÇANT. — À Montmartre (le sauront-ils jamais ?) les futurs hommes et femmes imaginaires du scénario cherchent la bataille, celle précisément d'Eugène Varlin. A-t-elle jamais été engagée ? S'est-elle éteinte ? Depuis combien de temps ? N'est-ce point pour trouver dans ses images et ses paroles une addition aux lieux de survie ? Les Je + Tu dans une hypothétique bataille aux quatre coins de l'époque. Les Je + Il qu'ils seront cherchant ceux qu'ils ne seront pas. Le Je + Nous + Vous + Ils qu'ils sont cherchant la réplique dans le toujours même affrontement (avec qui ?). L'inexplicable histoire d'exister à partir d'une grammaire, avec comme règle, la concordance des temps.

B. Tu, otage de la narration

▼

ESCALIER DE MONTMARTRE. — Tu continueras, car il y a l'escalier où l'épaule de Varlin a été démise, la rue où son œil a été arraché d'un coup d'ombrelle, l'escalier où sa main a été brisée (la solitude de l'adverbe au cœur de la phrase).

LES PASSANTS. — Tu avertiras : « Ceci est votre histoire (non pas tissant le scénario) mais derrière les spectateurs qu'ils n'ont jamais cessé d'être. Ils sont déjà sur les escaliers de Montmartre, dans l'ignorance des comptes qu'ils doivent régler. »

RUE DU CHEVALIER-DE-LA-BARRE. — Sur le même trajet, le chevalier de La Barre a refusé de saluer une procession – arrêté et refusant le repentir, il est mort sous la torture... Sur le même trajet, à quelques siècles de distance, ont été exécutés deux généraux sabreurs des quartiers pauvres... Où sont les nôtres ?

DÉFILÉ DE VISAGES CONNUS : SAND, ZOLA, DUMAS, GONCOURT... — Pas chez les littérateurs qui ont fait de Je, Tu, Nous, Vous les mercenaires au service des Versaillais. Au bout de leurs écrits-pelotons d'exécution : un cœur sacré...

LE SACRÉ-CŒUR DE MONTMARTRE — ... à la dimension californienne (le gigantisme vide).

SAINT LOUIS ET JEANNE LA PUCELLE. — Saint Louis, roi de France, en est l'annonce, et Jeanne la Pucelle, la caution.

SACRÉ-CŒUR. — Sacré cœur ! Le triomphe du muscle stupide, mais aussi de la boutique.

LA BASILIQUE. — Il devient le pourquoi de chaque décor. (À l'endroit où Varlin va être fusillé, il n'existe pas encore.) Mais le temps s'est rétréci et c'est toujours devant son piédestal, après coup, que Varlin a rendez-vous.

MONTÉE DE LA RUE QUI CONDUIT AU LIEU DE LA MORT DE VARLIN. REGARD DE TOUTES LES STATUES SUR ICELUI. — Il faut entrer dans les mots fantômes de la bataille (livrée ou pas) mais toujours racontable. C'est là !

PASSAGE DANS UNE RUELLE AVEC ÉMIGRÉS. — Parfois s'enflamment les mots, atteints par la bouche qui prononce (angoisse du doublage), bouche prononçant des mots dont elle n'a pas le vécu et à qui on impose des traductions dans le rythme, annonce du camp, où pour être prononçables, les noms ont dû devenir des chiffres conscients de s'énumérer – comme la musique.

LE LIEU DE L'EXÉCUTION DE VARLIN (MUSIQUE). — Mis contre le mur, l'homme de l'Internationale s'affaisse. Il faut l'attacher sur une chaise pour que les chassepots puissent faire face. Moins une exécution que douze coups de grâce. L'officier ajoute le treizième. Mais quelque chose continue à battre, comme si rien ne s'était passé.

LA MONTRE DE CADET. — C'est la montre (celle des révolutions). Sur le boîtier, une inscription : « À Eugène Varlin, les éboueurs reconnaissants. »

MAGNE. — Première tentative de vêtir les personnages de temps écrit.

L'AUBE À PIGALLE AVEC LES BENNES. — Quelle autre montre pourra répondre (ou a-t-elle pu déjà répondre) si ce n'est celle qui marque le lever du jour pour les balayeurs. Le moment de la bataille, de scénario en scénario, change d'identité. Mais l'enjeu reste le même.

IV

A. Le Nous des révolutions perdues

▼

CLOCHES ALTERNANT AVEC GUÉRILLEROS, CHACUN AVEC QUELQUE CHOSE À DIRE. PUIS TU, DE MUR DE FORTERESSE EN MUR DE FORTERESSE. — Te voici depuis combien de temps devant leur bataille?

ALTERNANCE. — Sans doute existe-t-elle, mais comment?

FORTERESSE. — Vient-elle de ces rencontres blanches sans traces d'arme à l'intérieur? ou bien s'est-elle imposée comme un droit à reconquérir chaque jour?

SUR LES PAROIS. — Est-ce une bataille de l'intérieur? ou bien de l'extérieur?

DÉCOUVERTE DE BARCELONE PAR LA FORTERESSE. — Continue-t-elle lorsqu'il n'y a personne à la faire? ou croyant la faire?

LES RAMBLAS. — Est-elle songe et balbutiement d'ombres qui se refusent à périr – citoyennes d'une question inachevée?

LES LIVRES FOUS. — Et si l'Internationale était atteinte de la maladie des mots, dans le désir fou d'être le Livre comme la Bible et le Coran? À la schizophrénie de la Bible et du Coran on n'a pas cessé d'offrir des sacrifices humains. Et l'Internationale? Quel que soit le tournage, et le moment de ce tournage, sa bataille est présente – mais avec quels morts? et quels vivants?

LES CHEMINÉES DE BARCELONE. — Chacune de ces cheminées n'avait d'autre destin que celui que le machinisme lui avait donné : le déplacement de la fumée et des scories hors de la portée des poumons de la ville. Aujourd'hui, les voilà monuments historiques, protégées par les institutions comme œuvres d'art. Nous les aurions voulues comme lettres de nos génériques.

CHAMPS DE BATAILLES PERDUES. — Mais nos lettres, celles avec lesquelles nous avons écrit, gisent le casque troué.

ARMES DE VIEILLES BATAILLES. — Armes de contrebande, inutilisables. Comment les concilier ?

MILITANTS PEU CONNUS DE VIEILLES LUTTES – OU CALENDRIER ALLEMAND AVEC DESSUS DES MILITANTS. — Sur chaque Je, chaque Tu, chaque Nous, il y a les ombres portées des républiques d'un jour, constructrices des égalitarismes coupeurs de têtes, fabricants d'horloges où les aiguilles sont toujours plus nombreuses que les chiffres. Mammouths à un seul titre, celui de l'absolue solitude pour savoir mourir debout sur toute l'étendue du siècle.

MILITANTS CONNUS. — Comme Makhno. Comme Durruti. Comme Cafiero. Comme Gramsci. Comme Varlin.

DICTIONNAIRE. — Le verbe « commer » a disparu du dictionnaire depuis plus d'un siècle. Enlèvement.

B. Je encaserné

▼

TRAVERSÉE DE L'ESPAGNE. — Dès que les Pyrénées sont traversées, toute référence est un amas de mots écoulés dans une construction de ruses si repérables, qu'il faut toujours avoir pitié du scénariste.

PASSAGE DANS LE CAMP ABANDONNÉ. — Le pronom qui pense, et celui qui le regarde penser, vieillissent à vue d'œil. Les morts d'hier et ceux d'aujourd'hui n'ont plus le même visage.

ATARAZANAS ET LÉONARD DE VINCI. — Notre mythe, peut-on l'appeler défaite ? Il est né de la guerre civile dans les casernes de Barcelone, où l'on entrait libertaire, où l'on sortait militaire.

GIGANTOGRAPHIE DE MAKHNO. DURRUTI. — Deux noms ont pu l'exorciser. Peut-être la défaite était le juste prolongement de leur pari.

CASERNE D'ATARAZANAS. — Les casernes sont toujours debout, remplies de présences contradictoires, et leurs pierres surchargées de messages différents. Elles ne multiplient pas les lieux de la bataille, elles les enferment.

OISEAUX. — Quelles que soient les soustractions et les additions auxquelles les soumettra le portrait-robot. (Une part engoulevent de l'été de l'anarchie. Une part alouette montant à la verticale des lieux de la tuerie. Une part oiseau migrateur faisant le tour du monde. Une part rouge-gorge dans la rigueur hivernale... Toujours une part en trop.)

CASERNE D'ATARAZANAS. — Je, Tu, Nous, Vous, ne peuvent en sortir sans perdre leur fragile droit à l'existence dans des syntaxes soudain remises en question. Dehors il y a l'anecdote qui les traduira en dizaines de milliers de morts.

BRIGADES INTERNATIONALES. — Dans le langage solitaire des communiqués, ce sera la bataille de Jarama. Les combattants s'appellent des Internationaux. Ils se chantent en douze langues. Quel que soit le lieu de l'affrontement, ceux qui en reviennent ne chantent plus.

LES OISEAUX. — Mais au-dessus d'eux, le passage des oiseaux ; en dessous, l'ombre de l'homme-robot. Ils prennent soudain conscience qu'ils sont l'univers, et la multitude de langages dans lesquels ils devront se déployer. Nous contre toutes les évidences.

C. Il, le passeur

▼

EL MAÑO. — Lui, le passeur. Un des portraits-robots précisément – en dehors de l'anarchie parce qu'ayant survécu à toutes les morts.

EL MAÑO. — Lui, l'émigré toutes frontières abattues – la frontière n'étant plus un lieu de passage, mais un asile, qui parmi tous les passés accumulés, déterre toujours le présent, traversant le film comme une de ces montagnes qu'à leur tour traversent les révolutions perdues, mais toujours un peu avant l'image, donc toujours un peu en dehors.

EL MAÑO À BARCELONE. — Lui dans sa démesure, celle qui ne laisse pas de traces.

ICH, MÊME ENDROIT À BARCELONE. — Et Toi derrière cette démesure, le suivant image par image sans jamais le trouver, mais sachant qu'il n'y a pas d'autre route pour se rendre sur les lieux de la bataille aux dizaines d'identités...

EL MAÑO À BARCELONE. —... que celles du passeur – Lui (El Maño).

LA RUE. — Le spectateur peut-il à travers les morts de la guerre civile, arrivés des quatre coins du monde, devenir son propre spectacle ?

EL MAÑO (EXPLIQUANT). — Dans toutes les villes d'au-delà des Pyrénées, le passeur nous précède de quelques images. À Barcelone de plusieurs.

SUR LES BENNES AU-DESSUS DE LA VILLE. — À Barcelone, la ziggurat se prolonge – sur fil seulement. Elle n'a qu'une destination : celle où la verticalité sécrète l'Histoire : Montjuich.

MONTJUICH, ENTRÉE DES INCROYANTS. — Verticalité de la mort, avec un nom sur tous les plans de Barcelone : « Entrée des incroyants. »

LES TOMBEAUX DE (FRANCISCO) FERRER, (BUENAVENTURA) DURRUTI, (FRANCISCO) ASCASO. — Parmi les incroyants, huit voyelles et onze consonnes. À Montjuich, le portrait-robot de la bataille s'écrit. Il est en lettres tombales.

L'UN OU L'AUTRE DES TOMBEAUX. — Noms que l'histoire garde pour dire qu'elle a encore un jeu entre les mains qu'elle peut abattre. Ferrer, Ascaso, Durruti. (Trois pierres, essentiellement du vide avec quelques tourbillons d'atomes – plus le physicien avance, plus le réel devient insaisissable.) Le réel est là – et il n'y a rien. Mais il reste les noms.

TÊTES DE DURRUTI, ASCASO ET FERRER. — Durruti, Ascaso, Ferrer. Dans leurs visages d'alors, la mort n'est pas entrée. Elle est restée au-dedans, flamme blanche. Image après image, ils ont traversé tous les visages de la bataille.

AUTRES PHOTOS DES MÊMES. — Mort-Exil-Prison. Triangulation née d'eux avant de se multiplier avec des milliers d'autres d'avant ou d'après leur histoire.

EL MAÑO DANS SES MONTAGNES ET SES TRAJETS. — Mais ceux qui contre toutes les haltes se voulaient des trajets entiers, bien au-delà de la révolution perdue, voient toutes les portes se refermer lorsque le chien de la mémoire s'aventure sur les ziggurats pyrénéennes qu'ils ont eux-mêmes construites.

L'ÉMIGRATION. — Et pourtant, combien de personnages devenus familiers derrière le passeur – avec leur valise à ficelles, leur malle en fer, leur paquetage d'émigrés. De la bataille qui leur servait d'identité ils n'ont gardé que le non-lieu.

ARTICLE SUR MIGUEL HERNÁNDEZ. — Non-lieu auquel nous conduisait le tuberculeux de Carabanchel qui voulait parler à la terre entière. Mais aujourd'hui? Sans eux, c'est sans nous.

LES LIEUX DES ACTIONS GUÉRILLÈRES. — En ces lieux ils ont continué la triangulation – avec le garrot ou la rafale en pleine rue pour en faire le tour. La bataille, tous croient l'avoir gagnée, eux seuls l'ont perdue.

LE BATEAU QUI S'EN VA. LES ARBRES. LA POLICE AU MILIEU DES FEUX D'ARTIFICE. — On les voit avancer dans la nuit des robots, mais qui avance avec eux? Chaque nuit un engagement, même sans hommes, pour en faire une bataille comme à l'origine. Les parlers autrefois confrontés sous le feu du ciel arqueboutent leurs restes. La triangulation – un testament que l'Internationale n'a pas réussi à léguer, continue à se donner un destin d'étoile.

EL MAÑO PASSE. ICH QUI PASSE AU MÊME ENDROIT. MAUTHAUSEN. — Pour que la bataille ait lieu, tu vas saigner (et ce sera encore un film) contre la roche brute, la paroi (aujourd'hui) du silence : Mauthausen.

CARRIÈRE DE MAUTHAUSEN. — La pierre est extraite des carrières où le siècle est mort.

CHEMINÉE DU CRÉMATOIRE. — Presque tous sont partis dans le vent de violence – avec seule flèche, pour indiquer le ciel, le crématoire et sa cheminée de petite entreprise de banlieue.

ROCHERS. — Tables écrites par le soleil.

ESCALIERS. — Escaliers des siècles.

VERTICALITÉ DE MAUTHAUSEN. — Socle, spirale – et la danse déterrée en déportation, dans une verticalité sœur...

VERTICALITÉ DE MONTJUICH. — ... des incroyants de Montjuich. (Peut-être la bataille a-t-elle trouvé une façon d'être sur ces verticalités?)

LES MONUMENTS DE MAUTHAUSEN LA NUIT. — La nuit, à Mauthausen, monte son chant,

MONUMENT RUSSE. — en russe,

MONUMENT FRANÇAIS. — en français,

MONUMENT ALBANAIS. — en albanais,

MONUMENT ESPAGNOL. — en espagnol,

MONUMENT HONGROIS. — en hongrois,

MONUMENT YOUGOSLAVE. — en yougoslave,

MONUMENT ALLEMAND. — en allemand,

MONUMENT JUIF. — en lettres juives...

ENSEMBLE. — ... L'impossibilité pour une époque de dire son histoire.

EL MAÑO. — Sur les Pyrénées le passeur est reparti (vers quoi?).

V

A. Il x Ils, venus du fer qu'on bat

▼

MONTAGNES. — Au résistant des montagnes, le son devrait donner une présence de cloche en bronze coulé. Pour peu que de la vallée aux cimes les cloches s'ébranlent, le lieu devient imprenable.

L'ATELIER OÙ L'ON PRÉPARE LA FUTURE CLOCHE. LE NOM D'ERIKA. — Mise en orbite : l'endroit où la cloche est pensée, son approche par la naissance, la forme, et même le nom gravé...

BERLIN, ERIKA, SA RUE, SES LIEUX DE RÉSISTANCE. — ... d'Erika, résistante de l'orchestre anéanti. Et avec elle le vide de sa rue, sa maison, depuis que la résistance a été décapitée. « Je chante la révolte des objets » (paroles d'Erika arrivée à Berlin et venant de Poméranie, analphabète – elle-même se revendiquant objet). Strophe d'une Internationale pronominale à laquelle syntaxes et morphologies du début du siècle ont payé un sanglant tribut.

EXPOSITION FUTURISTE. — Dès que la cloche, marquée du nom d'Erika, s'ébranle, tous les courants expressionnistes, futuristes, suprématistes, cubistes, surréalistes, vont grimper aux podiums des luttes finales...

LES REPRÉSENTANTS DES COURANTS. — ... tous, résistants d'une bataille qui recule toujours à travers les désespoirs accumulés du siècle – mais désespoirs chantés.

ÉQUIPE DU FILM. — Nous avons l'impression d'être là par erreur – plus encore que nous ne le sommes dans la vie, étrangers aux portes du paraître.

LES TOURS DE HÖLDERLIN. — Angoisse (et émerveillement), au tournage d'une scène de clandestinité, de voir sur le viseur les tours de Hölderlin, d'entendre son discours avec le soleil qui rend fou – sauvera-t-on le film de ses blessures ou de ses blasphèmes ?

L'ÉQUIPE IMAGE EN TRAIN DE TRUQUER. — Mais l'image du film ne peut l'accepter qu'avec un trucage. S'il garde l'angoisse, il perd l'émerveillement.

LES CLOCHES. — Un son, lui, a la possibilité de faire d'une cloche tout un paysage (avec les tours de Hölderlin dressées). Mais glas ? carillon ? annonce d'une civilisation voyant se fêler ses propres fondements ? Le tourbillon de Elles dans lequel va se trouver entraînée la cloche... Le combat est toujours multiplication.

B. Je, Tu, Nous, Vous, Ils sans lexique

▼

MONT VALÉRIEN. — Je x Tu x Nous x Ils s'avancent dans l'inconnu. Multiplication. C'est encore la bataille mais toujours dépendante d'une version antérieure, peut-être tributaire d'une autre encore.

INTÉRIEUR DU MONT VALÉRIEN. — Les images par lesquelles s'exprimaient les fusillés du mont Valérien ne sont plus cette course au personnage à laquelle est acculé chaque comédien, mais ce à quoi font référence les graffitis de la chapelle aux derniers moments.

CHAPELLE. — Chapelle qui n'est plus qu'une accumulation de langues qui ont rêvé de suivre...

LA DERNIÈRE LETTRE. — ... la quête aux pronoms personnels de la dernière lettre.

SUR LE CHEMIN DE L'EXÉCUTION. — Le trajet de l'adieu – ils le font dans le silence. Au Théâtre de Verdure la mitrailleuse est prête à tirer.

THÉÂTRE DE VERDURE. — Les pierres se souviennent encore aujourd'hui...

AFFICHE ROUGE, OU AUTRES ANNONCES BILINGUES D'EXÉCUTION. — ... un jour, ils étaient vingt et trois, et ils n'ont pas su dans quelle langue mourir.

MONT VALÉRIEN + PHOTO. — L'un d'eux est tombé avec le nom de ses faux papiers qu'il ne savait pas lire. Il ne comprenait aucune des langues des autres. Personne ne comprenait la sienne. C'était un International. Un ressortissant de la bataille fantôme.

C. Les pronoms quadruples

▼

ARBRES DE PIANCERETTO. — Dans les montagnes, la même taille pour tous. L'arbre est l'étalon sur lequel s'alignent les résistants. Les arbres se battent avec les hommes, à leurs côtés. Tous les arbres font partie de la résistance. Pour dire cette résistance, il faut quatre écrans.

QUATRE ÉCRANS. — Avec des récits différents qui s'épaulent, les pronoms personnels étirent leurs dimensions à celle des personnages sur lesquels va s'articuler le scénario.

ÉQUIPE. — Toute une équipe forgera leur existence, en sons et en paroles. Quête du pays du verbe être qui porte toujours celui du verbe avoir sur les épaules.

D. Nous à l'interrogatoire

▼

PROJECTEURS EN COURS DE TOURNAGE + UN VISAGE. — Un regard sous les projecteurs est toujours bombardé par un excès de preuves aveugles. Au même bombardement est soumise sa lumière. Supplice chinois du visage ouvert. Le regard se porte…

LA CAMÉRA. — … sur l'œil minéral de l'objectif.

VISAGE. — Le visage n'a pas eu le temps d'inventer sa cohérence.

LUMIÈRE. — Les projecteurs ne pourront jamais départager ses jours de ses nuits.

LE CHIEN SOUS LES PROJECTEURS. — La mémoire du personnage est à inventer.

E. Tu autobiographique

▼

PAYSAGE DE NEIGE. CAMÉRA. MAUTHAUSEN. — Le personnage qui, dans un paysage parallèle à celui que la caméra découvre, avance sous les coups de crosse policiers, sans pantalon, sans chaussures, les mains en l'air, dans la neige jusqu'aux genoux, tu dois être à l'intérieur de lui et l'interroger.

LES VILLES : BERLIN, BARCELONE, PARIS, VIENNE. — (Savoir les mots justes de cette aventure. Quelle histoire créer autour d'eux pour que partant des apparences, ils en créent d'autres en route vers l'univers qui les multiplie et soient sa présence parmi nous.)

POLICIERS QUI INTERROGENT À BARCELONE. — La bataille n'est pas contre des hommes à fusil. Elle est entre le réalisme et la tentative de dire, par d'autres voies, le passage, à ce moment-là, de l'oiseau dans le ciel.

MACHINE EN TRAIN DE TAPER L'INTERROGATOIRE. — Fragment d'interrogatoire : D. — Qu'est-ce que tu foutais dans le maquis ?
R. — Et l'oiseau, lui, qu'est-ce qu'il y fout ?

F. Descente...

▼

DESCENTE DANS LE MÉMORIAL. — Là où le siècle s'arrête, il faut prendre les escaliers en sens inverse. Les descendre. Réapprendre le siècle à reculons.

LES SAINTS DE NOTRE-DAME. — Tous les saints d'autrefois regardent.

NOTRE-DAME. — Notre-Dame est sur la rive du mémorial, comme près d'un corps abandonné que les signes ont investi. Chaque nuit ici est celle de l'interdit.

ENTRÉE DANS LE MÉMORIAL. — Ici, Je, Tu, Nous, Vous, Ils, Elles, marchent sur des jours, des instants parcourus, sur les pensées des ombres qui auraient dû les écrire (et qui les ont peut-être écrits). Ils les piétinent en quête d'un instant qui n'a pas été accordé.

INSCRIPTION : *ILS ALLÈRENT JUSQU'AU BOUT DE LA TERRE ET ILS NE SONT PAS REVENUS.* — Se questionner avec leurs gestes, leurs mots, ne rend pas leur poids, leur présence dans un univers qui s'est dérobé. Lui-même, à travers nous, cherche en vain son statut.

L'INTÉRIEUR. — Fragment de quel culte, et réceptacle de quel pouvoir? Chargés de quelles colères et malédictions, que le temps finit par rendre dérisoires?

LES MURS. — Chiffres pronominaux restant d'un monde aboli. Combien de paroles fracassées qui se croyaient la mission d'instaurer le verbe être? Que la distance entre ce qui nous reste de réel et les vocables employés pour les convoquer ici ne s'élargisse pas.

FLAMME. — *Flamme autour de laquelle viennent s'effeuiller les ombres.* Couloir unique qui viendrait les répéter mais où ils se confondent et deviennent à leur tour parois. Innombrables, infinis, anonymes.

BARREAUX SUR LA SEINE, PÉNICHE DERRIÈRE. — Il faut retourner dans le monde à l'envers, où le dehors est derrière les barreaux. Métaphores éphémères de la compréhension des choses entre elles. Vivre de leur fraude.

G. Je + Tu + Ils + Elles + Nous + Vous au carré

▼

MAUTHAUSEN. — Le portail d'entrée sous le mirador. La chaîne de fer, instrument de torture d'accueil. Mur des lamentations. Block 5 – des Juifs; aucun rescapé. Block 6 – dortoir et réfectoire de l'intérieur. Blocks 16 à 19 – quarantaine pour Soviétiques; sous terre 9 800 exécutés. Block de la mort – pour détenus K *(Kugel,* la balle). Mirador. Camp II – pour les morts après la Libération. Camp III – pour les femmes et les malades. Sans eau, sans WC. Un mirador. Potence. Chambre des cadavres. Chambre d'expérimentation et d'arrachage de dents en or. Face au deuxième crématoire. Écoulement du sang. Chambre à gaz – cyclon B. Mire pour exécution. Prisonniers K. Face au troisième crématoire. Bunker – pour interrogatoire supplémentaire, on ne sortait que pour le crématoire numéro un. Ici est venue mourir, quarante ans après les détenus au triangle, une mésange (d'emprisonnement et de froid). Un mirador. Block 15 face à la butte des exécutions en masse. Quartiers SS, avec bordel. Camp des Soviétiques d'abord, puis du désespoir, et pour finir du cannibalisme. Mirador. Paroi des suicides collectifs. Escalier de la mort ; 186 marches, des centaines de morts chacune.

CAMP VU DANS SON ENSEMBLE. — Moment où les vocables deviennent un destin. L'homme sur le trajet de la chambre à gaz n'a d'autre interlocuteur que le vent. Dernier pari qui croit encore à la survie : retrouver le vent après le crématoire. – Enterré c'est dans la terre. Pas dans le vent. Les morts de cette époque on les invente.

LA CHEMINÉE DU CRÉMATOIRE. — On les met dans le vent. In/venter la bataille du siècle in/ventant ses propres vocables. Que peuvent les images ?

H. Vous expiatoire

▼

LES CIMETIÈRES DE MAUTHAUSEN. — Les contraintes du camp ont changé. C'est une dramaturgie qui se joue avec d'autres intelligences que les grammaticales, sur d'autres trajets que les leurs.

LES PANNEAUX DE LA CARRIÈRE. — De toute façon, Vous ne posera aucune question. Trop de défaites y sont mêlées pour parvenir toujours à les comprendre,

CHEMIN DE CARRIÈRE. — trop de chemins de croix dits et redits.

GRIMPÉE SUR UN DES MIRADORS. — Sur les ziggurats, il y a toujours des hommes, animaux restés en souffrance comme le roi de Byzance supplicié dont l'agonie s'obstine à demander : « Pourquoi, vent, t'acharnes-tu sur les roseaux brisés ? »

LES ROSEAUX. — De tout temps un animal de ziggurat sait que pour faire un film sur la souffrance, il faut photographier des roseaux à l'infini. Mais seront-ils suffisants pour couvrir l'indifférence de l'univers ?

APPELPLATZ. — Vous divisé en deux = Tu. Tu avanceras à l'endroit où pourraient se trouver les tiens. Ton groupe, tu le rencontreras d'après les convois d'origine. Les matricules se suivent – un chez soi dans cette indifférence océanique toujours tirée au carré. Tu te vois pénétrant comme autrefois sur la place des appels... un peu moins vite. Les raisons de ta présence ne sont plus les mêmes. Le groupe que tu dois retrouver diminue chaque matin. Les souvenirs qu'on croyait ineffaçables ont quitté leur place... Et te voilà dans l'impossibilité de te nommer, de donner un matricule faisant partie de cet endroit. Les trajets sont russes, yougoslaves, français : la bataille fantôme toujours renouvelée.

I. Pronoms-dialogues : Nous, Vous

▼

L'ENTRÉE, DE NUIT, DE MAUTHAUSEN. — « Nous sommes arrivés, en pleine nuit, devant la grande porte », dit le Nous de l'équipe.

MUSÉE DU CAMP. — « Nous sommes arrivés, en pleine nuit, devant la grande porte », disent ceux des convois de décembre.

VUE DES ALENTOURS DU CAMP + NEIGE. — Pour quelle caméra la grande porte ouvre-t-elle sur un hiver qui séquestre les saisons sous une même neige ?

MUSÉE DU CAMP. — La grande porte n'avait de sens que lorsqu'elle ouvrait sur une cour des Miracles avec au milieu une grande flamme rouge,

FEU. — qui montait vers le ciel.

APPELPLATZ SOUS UN AUTRE ANGLE. — (Ici, pour une double ration de pain et soupe à volonté, les détenus s'assomment sur un ring, selon les règles du sport. Un des deux battants, cueilli à la mâchoire, plie le genou. Le cri monte : « Tue-le ! Tue-le ! » En quinze ou vingt langues différentes. Plus que pour chanter *L'Internationale* sur les bords de la rivière Jarama.)

J. Les pronoms à l'alignement

▼

ESCALIER. — En rang par cinq, deux fois par jour. Chacun avec sa pierre tombale sur le dos pour construire, au sommet de la montagne, les demeures de son au-delà. Géométrie impeccable de la mort ascensionnelle au pas de gymnastique.

ESCALIERS ENCORE. — Escaliers, langues pour mourir des milliers de fois dans tous les parlers d'Europe. Sur cette ziggurat, le siècle a succombé et avec lui le spectateur.

FUNÉRAILLES DE FRANCO. — La bataille qui se voulait unique réponse à toutes leurs demandes va s'engloutir dans l'image du général Franco, avec ses tubes, ses canules, ses sérums, ses transfusions, ses injections pour se maintenir artificiellement en vie.

ESCALIERS. — Mort clinique du siècle : sur ces escaliers.

VI

A. Le voyage posthume de Il

▼

ESCALIER. — Tout début de scénario (brouillons, gribouillis, dessins, plan, annotations) n'est qu'une introduction au Musée océanographique, où Il a attendu Elle à peine la belle saison commencée. Pour y établir quels contacts ?

POISSONS VIVANTS. — Ceux qui peut-être nous font citoyens de l'univers ?

CEUX QUI NE LE SONT PLUS. — Les visages que délèguent les profondeurs de l'océan comme une réponse à nos interrogations ?

LES ŒUFS. — La coquille d'origine (comme sur le mont Sacré) par laquelle se formule tout ce qui s'écrit et a besoin d'ailes ?

POISSON À FOURCHES ET À FILETS. — Tous les commencements de démesure campant à la lisière des rêves de fenêtre ou bien...

LA BALEINE. — ... cette démesure chantante dont le répertoire met l'océan en strophes de jets d'eau : la baleine.

HISTOIRE DE L'ANARCHIE + CARTE DE LA PATAGONIE. — Il (Auguste) avant Chicago avait été représentant de la Mer dans la République libertaire de Patagonie. Pendant les quinze jours de vie que lui laissa la République argentine, le représentant de la Mer en avait promulgué le seul et unique décret. En faveur des baleines.

ESCALIERS DU PARC GÜELL (GAUDÍ). — Que peut-il y avoir après l'escalier sinon un autre escalier – et quelle pierre arracher du temps qui ne soit la répétition de ce qu'elle a inscrit dans l'espace ? Les paroles dites y sont parfois gravées et les non dites en souffrance, mais toujours présentes. Au-delà de l'Internationale que chacun présuppose, il y a peut-être une autre Internationale et pour Je x Tu x Ils x Nous x Vous, c'est la révolution – celle des astres et la nôtre.

CARAVELLES DE BARCELONE. — Ainsi, l'Amérique n'existe que parce qu'elle a été inventée dans un livre écrit et publié par Christophe Colomb avant de partir pour son voyage initiatique. Dans les ports que les chapitres du livre fréquentent, sa caravelle est toujours prête à partir. Pour Je, « l'autre » voyage c'est le voyage du Il posthume sans jamais savoir si, arrivé à destination, il a fait partie de la révolution, ou s'il en a été chassé dès le premier contact.

LA BALEINE ET LE MUSÉE. — En Amérique, Je + Nous + Vous + Tu + Ils sont arrivés avec la baleine, la revanche, en principe, de Il (celui de Chicago).

CUBA. — Mais tout comme Christophe Colomb, ils ont débarqué à Cuba.

BALEINE. — La baleine est un prophète sans dieu et sans peuple.

LES SQUELETTES DE POISSONS. — Autour de Je, les pronoms invoquent le don des langues pour créer l'espace où l'on dira que la baleine s'est mue. Mais qu'est-ce que le don des langues lorsqu'il s'agit d'un plan de travail ?

SQUELETTE. — Je divisé par Tu.

SQUELETTE. — Tu divisé par Nous.

SQUELETTE. — Nous divisé par Vous perdus dans l'espace de l'avant et de l'après tournage. Voyage posthume de Il.

LE SQUELETTE ET L'ÉTOILE. — La baleine a nagé dans la Voie Lactée...

LE SQUELETTE ET LE MONDE MODERNE. — ... mais aussi dans les piscines de La Havane libre.

LE SQUELETTE ET LA TEMPÊTE. — Elle s'est endormie sous les arbres de la tempête...

LE SQUELETTE ET LE HLM. — ... mais elle s'est réveillée dans les espaces verts, se heurtant aux signalisations...

LE SQUELETTE ET L'ŒUVRE D'ART. — ... là où elle croyait voir les constellations légendaires.

LE SQUELETTE ET LA FÊTE DE RUE. — Elle a fini dans le carnaval de La Havane sur le char de l'Institut du cinéma.

B. Elle, partie chantée de la baleine

▼

CACHALOTS, LOUPS DE MER, TORTUE, L'OURS BLANC, LES ŒUFS, LES OISEAUX DU MUSÉE. — Combien sont-ils dans le Musée à attendre le retour de la baleine de Cuba – à laquelle ils doivent en ce moment leur présence sur l'image ? Certes, il y a ceux qui attendent dans l'œuf comme s'il s'agissait de refaire l'océan primitif. Il y a ceux qui parent leur attente de griffes et de becs, de dents. (Qui dira la cruauté des lichens ?...)

BEAUX POISSONS. — Il y a ceux dont l'innocence, pur rapport à l'histoire malgré les milliers d'années du cœlacanthe, reste totale.

LES MURÈNES. — Et toutes les peaux que l'homme s'est inventées pour se dire autre. Il y a ceux pour qui l'histoire n'est que la longue attente du moment éblouissant où ils refermeront leur mâchoire sur celui qui vient...

MUR, EN IMAGES, DU MUSÉE. — Mer dévorée par les symboles, née de la confluence de l'ombre, l'écriture, et la pierre.

LES SCAPHANDRES. — Étendue : tous les noms avec elle consumés. Le monde tourne sur lui-même, autour du même astre subalterne dans l'infiniment grand comme dans le petit. Et les années-lumière tournent autour de lui. Voyage hors les mers où la baleine renaît, elle, à chaque représentation du spectacle non encore commencé. Limbes où renaissent Je, Tu, Nous à la suite du Elle.

BALEINE. — Être soi c'est se condamner à la mutilation. L'homme est toujours désir d'être autre – à plus forte raison, une baleine.

TOURS, CATHÉDRALES, FLÈCHES, DOIGTS LEVÉS, MAIN DE BOUDDHA VERS LE HAUT, REGARDÉS PAR JE AU SOMMET DE MONSÉGUR. — Leur spectacle est parent de toutes les formes en marche vers le ciel.

ZIGGURAT. — Ziggurat, vraie ou fausse Internationale ? Déchirée, fractionnée, mise en morceaux à chaque représentation. La représentation finie, le chant de la baleine reprend son indépendance.

BALEINE. — Elle est son univers mais elle est la grandeur de l'univers.

C. Je de solitude

▼

MONSÉGUR. — L'arche, lorsque les eaux du Déluge se sont retirées, est restée au sommet de la montagne. La baleine aussi. Je est seul à l'intérieur de cette baleine, sa façon de chanter la résistance des pierres où les siècles confondent leur revendication – et leur vision d'en haut, il a beau la parcourir dans tous les sens, la faire endosser par le chien noir de la mémoire. Route barrée. L'Internationale c'est la Contre-Babel (comme l'a été la Pentecôte).

LA PENTECÔTE SUR LE MONT SACRÉ. LES APÔTRES ET LES LANGUES DE FEU. — Sur le mont Sacré, une langue de feu sur chaque front devient la parole (compréhensible par tous). Elle réconcilie. Solitude de Je : Tout ce que nous faisons (les crimes des hommes compris) est condamné à produire des sens. Nous sommes des langages. Pourquoi nous enfoncer dans la stérilité des images ?

VII

A. Nous coupé en deux

▼

FEHRBELLINERPLATZ ET SES ENVIRONS. — Pour l'enfer il fallait un guide, pour Berlin il en faut deux.

PETER DEVANT PLÖTZENSEE TRADUISANT CELAN. — Peter, à Berlin, c'est le voyage initiatique.

OSKAR EN TRAIN DE MONTRER LE POÈME AVEC LES PRONOMS. — Oskar, le trajet grammatical – et pour lui, la reconstruction des lieux dont nous ne savons jamais s'ils sont d'autrefois, d'hier ou d'aujourd'hui.

PETER AU LANDWEHRKANAL. — Son Nous, Peter le commence par une espèce de rotation de derviche tourneur autour du Landwehrkanal où a été jetée Rosa Luxemburg, le crâne fracassé. Peter a commencé cette rotation très tôt – même au moment des plus intenses bombardements, il ne l'a jamais abandonnée.

OSKAR AU BOTANISCHE GARTEN. — Le trajet d'Oskar commence au Jardin botanique et, par d'étranges chemins, il s'y termine aussi. Entre les verrières ont poussé les mots d'ordre entrecroisés du spartakisme. Oskar dit : — C'est la lampe tempête du mouvement ouvrier. Les ouvriers assassinés s'y retrouvent voyelles et consonnes parce qu'ils ont voulu avoir le don des langues. La lampe tempête balance, d'une façade à une autre, les ombres de Karl Liebknecht et de Rosa Luxemburg venus à trois heures de tous les matins du spartakisme (ce qu'il était, et ce qu'il est) entendre le chant du rossignol.

MOUETTES DE KREUZBERG. — Le point focal de Peter c'est Kreuzberg – ses mouettes annonciatrices. Berlin est une ancienne mer, et son ciel est occupé par les mouettes.

MOUETTES DU TIERGARTEN. — À celles de Kreuzberg répondent celles du Tiergarten, où Karl Liebknecht a été abattu, lui aussi.

CHÊNE DE LA LEHRTERSTRASSE. — Les lexiques d'Oskar trouvent leur raison d'être à Moabit, avec le chêne de la Lehrterstrasse porteur de l'écriture de Je et seul survivant des quartiers soumis à l'épreuve du feu, et du sang, que le bulldozer fait disparaître.

NUIT BERLIN-CENTRE. — La nuit, tout se radicalise.

NUIT LANDWEHRKANAL. — La planète du Landwerhkanal où fut jetée Rosa s'étend d'un point de la séparation de Berlin à l'autre.

NUIT, ÉTOILE MERCÉDÈS. — Et l'étoile Mercédès couvre toute l'étendue de la mort de Karl.

BERLIN, TRAVERSÉ LA NUIT. — Et c'est la course éperdue, rue après rue, d'un Berlin déchiré, comme toujours, entre ombre et lumière.
— Où aller ? Berlin est coupé en deux dans le sens de l'Histoire.
— Berlin est rempli de mers réelles et de mers qu'il s'invente.
— Sur celles qu'il s'invente nous pouvons aller loin, très loin encore.
— L'Histoire a perdu l'invention de ceux qui la vivent.
— La sienne aussi à travers eux.
— Innombrables sont encore les visages de la nuit spartakiste.

TOMBEAU D'ULRIKE. — Le jour venu, seuls les bouleaux de la dernière méditation d'Ulrike continuent à monter la garde comme ils la montent dans toutes les forêts du monde du froid.

PASSAGE AVEC PETER. — Sont toujours présentes ses paroles qui appellent les existences aliénées, mystifiées, mutilées, à se dépasser pour coïncider avec l'Histoire (sa prise en possession par le travail humain). Sont présentes aussi les paroles qui prétendent construire le temps des hommes comme l'épiphanie des Rois mages a construit les déserts de sable.

MAISON EN COULEURS DE KREUZBERG + POUPÉE À LA FENÊTRE. — Toutes les rues conduisent du voyage initiatique à Kreuzberg. Et Kreuzberg conduit au mur.

MUR DE BERLIN. — C'est la coupure de Nous, en deux. Radicale. Nous prenons conscience à quel point nous sommes Berlin, et à quel point Berlin sera toujours Nous.

LES SOLDATS DU MUR. — Les soldats du mur qui, dans leur décor de barbelés et de miradors, font semblant de se battre pour une idéologie, sombrent aussitôt dans l'anecdote.

KREUZBERG. DRAPEAU NOIR. INSCRIPTION DU GOSSE TUÉ. — Ici, les détails annonciateurs, les personnages, ce qu'ils voudraient dire, sont encore les échos de la parole-au-delà-du-temps. Donc (à nos yeux), impérissables.

TOUT CE QUI SE PASSE À KREUZBERG, D'ELEPHANTEN PRESS À L'ANTIQUAIRE. — Jusqu'à l'achat d'objets ayant appartenu aux anciennes maisons du mur, comme si nous pouvions tirer d'eux un Kreuzberg tel que nous le cherchons.

LES MOUETTES. — Par-delà les mouettes,

LES EMPREINTES. — les empreintes des pieds d'enfants,

LES PUNKS. — et les punks qui rackettent,

LE GUÉRILLERO. — le guérillero rescapé de tant de nuits du spartakisme monte la garde.

LA RUE QUI CONDUIT À LA BOULANGERIE. — Tout ici se donne une apparence d'épave lorsque la marée s'est retirée, mais s'est-elle vraiment retirée ?

INSCRIPTION HÖLDERLIN. — L'essentiel : Hölderlin est toujours présent pour l'expliquer.

LA BOULANGERIE ET SON PÉTRIN. — Les quêtes en spirale connaissent, à un moment donné, un point d'arrêt. Toujours le même. Pour Peter c'est la boulangerie de son père. Il y est né, il y a vécu. Il en a été chassé par la guerre.

LA VISITE DE LA BOULANGERIE. — Nous nous trouvons dans le même monde que celui des déportés dans l'étendue d'Auschwitz. Plus besoin d'étoile... Que deviennent les boulangeries lorsque l'histoire déferle sur leurs vieux murs ? Ici, la réponse se fait en boomerang : — Cinéma.

SALLE DE CINÉMA. — Et voici le cinéma comme un lendemain qui chante. (Il changera le monde. Avec l'image, langue enfin internationale.)

Dans la boulangerie il fait moins quinze, pour une bonne conservation de l'image.

LE FILM EN IMAGES VERTES DE VIENNE. — Et voici le film s'inventant lui-même. Ses repérages conduisent partout à travers le monde – et dans ce partout il y a la Karl Marx Haus à Vienne, hier bombardée par l'armée, et par l'armée aujourd'hui mise en musique.

TOURNAGE VIENNOIS. — Là où Ils ont tiré au canon sur le prolétariat, les militaires sont venus dire que jamais plus Ils ne recommenceront. Ils jouent *La Non-Classe nue de ses vertus prophétiques et réfractaires à l'organisation.* — Un titre non commercial, disent les producteurs. — Jamais plus nous ne tirerons sur les travailleurs, disent les militaires, ce serait détruire la marchandise, et sa rationalité. Aujourd'hui, tirer c'est détruire ce qui s'écarte du normal. — Normal ! dit le prolétariat qui fait écho aux fenêtres.

INTERVENTION DES GAUCHISTES. — Sédition de la parole, autrefois salubre, contre les conventions du concept, elle est toujours de courte durée.

LES PHOTOS DES MASSACRES. — La froidure de février est partout autour. Ils le savent. Certains même s'en souviennent, mais les soldats ont amené la roulante. Il fait moins quinze dans la salle – il faut que les images se réchauffent entre elles.

DE NOUVEAU LA MUSIQUE VIENNOISE. — Voix de tête, et voix de basse, dans la musique des défilés d'autrefois : Voix de tête : « Le prolo n'est pas révolutionnaire, il n'en a ni la tête, ni la pensée. » Voix de basse : « Le prolo est quand même révolutionnaire et c'est par destination. » Et toutes deux poussant la clé de sol : « Il doit l'être, il doit devenir ce qu'il est, l'armée impossible. » Aujourd'hui les mots ont été saignés, mais il reste la musique.

PETER ET LES CHATS (AVEC, AUPARAVANT, ALTERNANCE DE CHATS QUI REGARDENT LE FILM DE VIENNE). — En sortant de la boulangerie-cinéma, la langue de Peter c'est le chat.

LE MAINATE EN TRAIN DE MIAULER COMME UN CHAT. — Est-ce bien une réponse qu'il reçoit ?

B. Le Tu innombrable

▼

ALLÉES ET VENUES DEVANT LA PORTE DE PLÖTZENSEE, À ALTERNER AVEC OSKAR-POÈME. — Combien d'heures, de jours, d'années, passés devant cette porte à te parler, à te questionner, à te vouloir – Tu innombrable ?

L'USINE, LA DÉCHARGE, LE PONT, ET LES MOUETTES. — Plötzensee est une île des mers de Berlin toujours en activité. Flèches Nord, avec usines, décharges, canards et un pont pour joindre le point cardinal à la terre.

MOUETTE SUR LA CHEMINÉE DE PLÖTZENSEE. — Dans le ciel de Plötzensee, la mouette est une pensée, une idéologie, une interrogation, un testament. Son vol est toujours suivi par des centaines de regards enfermés. L'île est une prison (pour les enfants aujourd'hui, pour les exécutions capitales hier).

MÉMORIAL. — On y entre par le mémorial derrière lequel les enfants continuent à être enfermés.

ALTERNANCE OSKAR-POÈME, COURONNES AU MUR ET AMPHORES. — Les amphores sont remplies de terre dite des « victimes » : Tu et Il lorsqu'ils deviennent citation.

SALLES DES EXÉCUTIONS. — Ici, des milliers de fois leurs têtes sont tombées. La guillotine est absente, mais la barre à crochets, auxquels a été pendue la révolte des généraux, médite sur les gerbes. Point central : la grille d'écoulement du sang. Hommes, femmes, trop grands pour l'endroit, sont passés par là : Tu innombrable, l'autre nous-mêmes jusqu'à la fin des temps.

OSKAR, LE POÈME ET PEUT-ÊTRE LES VISAGES EN SURIMPRESSION. — Meeting des pronoms, ceux qui parlent, ceux qui s'interrogent et ceux qui n'osent pas se lamenter. Oskar ajoute la couleur.

L'AUTRE SALLE DE PLÖTZENSEE. — Faut-il inventer un guide pour les pronoms personnels des condamnations à mort ?

OSKAR ET LE POÈME. — Faire-part : Les pronoms personnels doivent témoigner pour vous, empoigner les paroles de Nous, et les articuler, Ils, Elles face à l'univers.

AUTOUR DES MURS DE PLÖTZENSEE. — Autour des murs de Plötzensee les pierres se taisent. Rien n'est plus réducteur pour une pierre que le destin de monument.

LA MAISON D'ERIKA. — Et puis, il y a les pierres qui n'ont aucun destin. Ici, juste au sommet (les ateliers d'artiste), combien de Tu ont habité ? que reste-t-il de leur regard vers le ciel ? de leur regard vers la terre ?

LE KIOSQUE. — Ici, ils achetaient leurs journaux.

LES AFFREUX ANGELOTS. — Ici, les angelots que les bombardements s'obstinaient à ignorer.

LA BOULANGERIE. — Le goût du pain disparu pendant la guerre.

LE SALON DE THÉ. — Le salon de thé où ils (les clandestins) se réunissaient. Pronom indéfini. On. Quelques-uns.

LE FORUM SUR LA KURFÜRSTENDAMN EN ALTERNANCE AVEC OSKAR-POÈME. — Le Forum. Lieu de réunion des années d'après. Sur tous les signes frères en écriture, Oskar vissait la couleur comme avec une ampoule.

DANS LA RUE. — Ampoules qui se multipliaient ou passaient en lettres lumineuses : « L'arme décisive du guérillero c'est le mot. » C'était signé Yon Sosa, le guérillero guatémaltèque au destin de phénix.

LE FORUM. — Le Forum. Magasin par-devant, dépôt de pièces mécaniques par-derrière. Aucune trace des batailles que l'arme décisive du guérillero croyait réinventer chaque nuit.

LES FEUX D'ARTIFICE AVEC OSKAR. OSKAR ET OSSIP. MÄRKISHE VIERTEL. — Les feux d'artifice, Oskar les récupère pour donner un peu de ciel aux pronoms personnels de ses méditations. Tous sont rentrés dans l'ordre (de quel ordre s'agit-il en dehors des mots ?). Les nappes de lumière cascadant sur Berlin ne sont plus qu'un souvenir qui s'atténue et s'émiette la nuit de la Saint-Sylvestre.

LE DÉPART DES PÉTARDS. — Y contribuer n'entre plus dans aucune façon de parler. Le prix des grammaires obscures... Le quotidien de la ville a pris le dessus.

TANZIENSTRASSE. GROSSES LETTRES QUI DÉFILENT. BERLIN SOUS LAMPE, LE BOUDDHA DANS LA VITRINE. — Seule rencontre : le sourire de Bouddha. Mais où a lieu la rencontre, à quel endroit de l'exagération, Tu innombrable ?

LA GESTE DES AUTOBUS DU ZOO + À TRAVERS BERLIN. — Un univers peut-il être approchable sans recourir au temps ? Ne sommes-nous pas, à l'intérieur de ce recours, les signes que traçaient dans les catacombes les chrétiens primitifs ? Les mots qui font de nous une cristallisation à l'intérieur d'une galaxie avancent à l'intérieur du char de l'image. (Détresse de la bande son au moment du mixage.)

C. L'aigle...

▼

L'AIGLE, SES MORTS, L'ÉPÉE ALLEMANDE. MAISON ET SENS OBLIGATOIRE. BARRICADES DE PAVÉS. S-BAHN DE SIEMENS. — Combien de kilomètres carrés !

PANORAMIQUE SUR FABRIQUES JUSQU'AU PONT. — Ce n'est plus un quartier, c'est une ville : Siemenstadt. Dans les fantasmes d'une prise de pouvoir : une Internationale en dur. L'histoire tout entière du prolétariat sur combien de kilomètres ! Même les nuées d'éphémères que le vent disperse ont une partie intemporelle. Le travailleur des cités de fer aussi. Il faut commencer par là.

DE L'ÉDEN AU LANDWEHRKANAL. — Et c'est de l'Éden au Landwehrkanal, le dernier trajet de Rosa. Je refait le même trajet qu'Elle sans savoir si au bout ce sera pour poser une question, ou pour l'adieu à donner au prolétariat au milieu des boutiques insomniaques, ou bien pour retrouver Rosa morte dans la mémoire de tous. L'action armée n'a pas contribué à la guerre populaire, mais à sa liquidation. Où aller ?

LES USINES DE BARCELONE. — Nous sommes les cigales d'un été qui tourne bref, des cigales sans fourmis, à court de fables.

LA SORTIE D'USINE DE CASALE. — Les pronoms personnels ne produisent plus les grammaires en partant d'eux, mais des exigences de la grammaire en s'ajustant aux emplois, aux qualifications et même aux hiérarchies. (Ils assurent leur fonctionnement intégré.)

VOYAGE À TRAVERS LES FABRIQUES SUR LA ROUTE DE VIENNE À MAUTHAUSEN. — La grammaire à quel moment devient-elle société ? L'État en assure le fonctionnement. L'État c'est personne. Le plan des salles de production d'autrefois est le nouveau personnage. Les néons continuent à dire jusqu'au soleil levé.

LES CARTES SYNDICALES DE CASALE. — Le syndicat du bois refuse que les métallurgistes vissent des panneaux d'aggloméré. Le syndicat des métaux interdit aux menuisiers de visser ces mêmes panneaux avec du métal. Ainsi s'est établi le langage de l'impuissance.

MUR DE BERLIN. — Le mur, aussi loin qu'il se prolonge, passe par là. Comme s'il prolongeait le mur en ajoutant sur lui un graffiti supplémentaire...

LA MAISON VON RAUSH (BETHANIEN). — ... Georg von Raush, tiré par la police, chantait *L'Internationale* en allemand. Prévoyait-il que les paroles et la musique de cette *Internationale* se fascineraient jusqu'à se trouver sous-employées par automatisation, surnuméraires de la production, chômeurs virtuels ou permanents ?

LES VERRIÈRES DU BOTANISCHE GARTEN. — Retour spartakiste par les verrières du Jardin botanique en amont du réel. Ici, alliances et affrontements végétaux engendrent des figures qui sont les variations d'une toujours même cellule. C'est encore le chant du rossignol dans lequel Karl et Rosa reconnaissaient, à trois heures du matin, les premières notes de *L'Internationale*. Pourquoi rattacher ces premières notes au monde des astres ? des atomes ? des sexes ? ou plus encore à une conspiration de syllabes ? Pouvaient-elles être, toutes réunies, la baleine ?

MONSÉGUR. — La baleine vide, vacante. Je s'y dédouble en Tu, Nous, Vous, Ils, Elles pour voir, d'en dehors, (le film) où il va. La baleine soumet le paysage à la courbe absolue de la terre.

LE PARADIS DE CRÉA. — Toujours en attente de sa venue, le ciel sur les échafaudages des collines.

VOITURES ET AUTOBUS À BARCELONE, PARIS, BERLIN. — Transport en commun ou individuel, la voiture a été inventée pour transporter la Nouvelle Prophétie. Les prophètes aujourd'hui disent : « Ce n'est pas moi qui... », « Il fallait que... », « On n'a pas le choix... ». Il suffit d'appuyer sur le bouton de la télégraphie sans fil, et, comme dans les camps de concentration, la musique emboîte le pas.

L'ÉQUIPE AUTOUR DE LA CAMÉRA. — Moteur!
— Ça tourne!
— Action!
— Première, deuxième, troisième...
S'agit-il des Internationales?

(À qui la caméra s'adresse-t-elle? Elle ne l'a jamais su.)

Le Passage des oiseaux dans le ciel

1987

PERSONNAGES

GRAND JE
PETIT JE
L'AUTRE JE

TU NERF DE LA GUERRE
TE INTROVERTI

IL FOLÂTRE
LUI MAL ÉCRIT

ELLE MASSMÉDIATE
Y ANNONCE DE RÉEL

VOUS ASSIS À LA RECHERCHE DE VOUS DEBOUT

NOUS SCRIPTE
NOUS IMAGE
NOUS FLÛTEUR

I

Trois grands écrans (jardin, cour et frontal). Ils sont mobiles. Devant, une machine à écrire occupe le tiers de l'aire de jeu. Un scénario est en train d'y être tapé. Sur la page engagée, on lit le titre du film Sur l'usine, le drapeau rouge on le voit mieux *et l'indication sur la colonne didascalique —* 1. Plan général. Dans l'axe, il y a l'usine en grève... Le drapeau, iul... *Le tapuscrit s'arrête sur cette dysgraphie.*

Côté jardin, le portrait-robot susceptible d'indiquer le militant des batailles du siècle dont il va être question. Il disparaît pour l'instant derrière les rames de papier blanc en attente, peut-être, d'être remplies. Côté cour, une corbeille à papier à l'échelle de la grande machine à écrire. Elle est en partie remplie de feuilles ratées et des brouillons du scénario. Au milieu de l'aire de jeu, une machine à écrire normale et un tout petit écran, lieu privilégié du scénariste (donc l'Autre Je, son pronom pour l'instant). Sur la grande machine ont déjà pris place les pronoms qui ont servi à écrire le début du scénario : Il, Y *et* Lui mal écrit *– pour l'instant didascaliques. Agenouillé donc devant la petite machine à écrire, le personnage du scénariste (endossé par le pronom* Je, *l'autre) se présente, et se relit. La présentation du pronom, indissociable de chaque intervention, est dessinée par les gestes propres à chaque famille desdits pronoms. Ils leur servent d'indicatif. Lors de la création à Montréal, deux grammaires se superposaient en chaque pronom – celle physique du karaté et celle normative de l'écriture. Elles ont apporté – et mieux encore accordé – un corps et une âme théâtrale en chaque porteur de personnage. Attaque / masculin, défense / féminin, inspiration / pluriel, expiration / singulier, parallélismes purement formels au départ mais devenant organiques à mesure du déroulement de l'action. La transformation de la matière par le geste et sa maîtrise*

> physique, telle que casser une brique d'un coup de poing, ouvraient la porte à l'emploi de verbes grammaticaux dont le pronom devenait ainsi le transformateur. Verbe être et verbe avoir ont pu être ainsi théâtralisés. Le monde des pronoms étant sans accessoires, ce manque s'est trouvé rempli par le bâton de karaté qui prolongeait le pronom comme l'accessoire, quel qu'il soit, prolonge les gestes du personnage normal. L'accessoire était donc chaque fois physiquement écrit. Cet emploi des bâtons doit trouver sa culmination dans la musique, solitaire ou accompagnant les fragments du poème, que les pronoms pensent inventer ; elle devient pour les bâtons l'orgue fantastique mû par toutes les grammaires en même temps.

L'AUTRE JE. — Dans l'axe, Il...

> *Il folâtre donne son indicatif.*

IL FOLÂTRE. — Présent !

L'AUTRE JE. — Y...

> *Même jeu.*

Y ANNONCE DE RÉEL. — Présente.

L'AUTRE JE. — ... À l'usine en grève... Le drapeau iul (lui?).

LUI MAL ÉCRIT. — Présent.

> *Il tombe en essayant de se présenter.*

L'AUTRE JE. — C'est quoi ?

LUI MAL ÉCRIT. — Pronom mal écrit.

L'AUTRE JE. — Viendriez-vous d'une déclaration politique ?

LUI MAL ÉCRIT. — Les réveils de la langue de bois qu'elle suppose sont toujours difficiles, je sais. Mais je viens d'une bande rivale. Plus exactement des alinéas du bilinguisme libre-échangiste entre le Canada et les États-Unis.

Y ANNONCE DE RÉEL. — C'est ce qui vous a inversé ?

LUI MAL ÉCRIT. — Inverti, vous voulez dire.

L'AUTRE JE. — Sur cette page vous êtes des pronoms didascaliques. C'est votre vérité du moment.

Y ANNONCE DE RÉEL. — Parce que de cette machine la vérité pourrait sortir ?

L'AUTRE JE. — Vous êtes qui ?

Il folâtre présente Y annonce de réel.

IL FOLÂTRE. — Un pronom qui a obtenu le prix Fémina.

L'AUTRE JE. — Le nombre de pronoms qu'il y a dans les livres primés est considérable.

Y ANNONCE DE RÉEL. — Ce ne sont jamais eux qui reçoivent la distinction.

L'AUTRE JE. — Pour l'instant, ce n'est pas de littérature saisonnière qu'il s'agit, mais d'un scénario. Vous devriez vous entraîner avec moi à la rencontre avec les principales interjections. Je sais que vous allez dire qu'elles sont anodines dans nos grammaires. Mais au cinéma, c'est un tout autre programme, elles cherchent, sous prétexte de rythme, à annuler le pronom personnel. Circonstance aggravante, elles sont de plus en plus malades de l'onomatopée.

LUI MAL ÉCRIT. — Nous ne sommes que trois pour un tel affrontement.

L'AUTRE JE. — Ce n'est que le début du scénario. La mise en condition nous donnera le temps d'attendre la venue d'autres pronoms.

IL FOLÂTRE. — Alors ?

Y ANNONCE DE RÉEL. — Allons-y.

Les trois pronoms didascaliques accompagnent L'Autre Je dans une séance de karaté dont chaque geste devrait leur permettre d'affronter l'interjection.

PAROLES DE L'AFFRONTEMENT
Aïe! Allô! Bravo!
Calvaire! Chiche! Chut! Crac! Cristie!

Y ANNONCE DE RÉEL. — Un blasphème... non?

L'AUTRE JE. — Ça dépend de quel côté de la francophonie.

PAROLES DE L'AFFRONTEMENT *(suite)*
Diable! Hardi! Hélas! Holà!
Sacrament! Sapristi! Tabernacle! Zut!
Pif! Paf! Pan! Pouah!

L'Autre Je s'arrête.

L'AUTRE JE. — Vous entendez l'onomatopée?... N'oubliez pas les interjections jeunes (elles risquent d'être au pouvoir un jour...).

La séance reprend.

PAROLES DE L'AFFRONTEMENT *(suite)*
Plouf! Scratch! Kling! Vroum! Baoum! Gulp! Hugh!

Derrière les rames de papier apparaissent Tu nerf de la guerre et Te introverti. Ils se présentent en exécutant leur indicatif.

TU NERF DE LA GUERRE. — C'est pour ce soir paraît-il?

TE INTROVERTI. — Vous êtes des nôtres?

L'AUTRE JE. — Moi? Certainement... Je viens du scénario... promu par les règles grammaticales à porter le scénariste lui-même. Pour un pronom qui dit Je, c'est normal. Le scénariste est le premier à intervenir dans un film, donc toujours en avance, alors je fais comme lui. Eux, ce sont les pronoms de la colonne didascalique.

LUI MAL ÉCRIT. — Mais exigeant le pluralisme.

TU NERF DE LA GUERRE. — Démagogie déjà?

L'AUTRE JE. — Tenez-vous-en à la notion de nécessité.

TE INTROVERTI. — Nous venons tous les deux d'un rapport de production… Nous savons de quoi nous parlons.

Y ANNONCE DE RÉEL. — Savez-vous pourquoi vous êtes ici ?

TE INTROVERTI. — Un film, non ?

TU NERF DE LA GUERRE. — Le titre existe-t-il déjà ?

Au garde-à-vous sur la machine, les trois pronoms didascaliques annoncent.

IL, Y, LUI. — *Sur l'usine, le drapeau rouge on le voit mieux.*

Déception chez les pronoms nouveaux venus.

TU NERF DE LA GUERRE. — Je vois… Une divagation de caméra faite avec les chutes d'un film douloureusement monté. À mon avis… ce serait archaïque.

L'Autre Je se fâche.

L'AUTRE JE. — Pas plus que l'emploi du conditionnel – et moins encore que les verbes défectifs dont vous faites la parade en ce moment.

TU NERF DE LA GUERRE. — Que les sujets cinématographiques soient les grands mutilés d'une guerre sournoise, ce n'est pas moi qui le contesterai. Mais ce n'est pas en les soumettant à l'épreuve du drapeau rouge qu'on leur donnera une béquille pour savoir où aller.

TE INTROVERTI. — Le drapeau rouge n'est plus fait pour notre époque.

IL FOLÂTRE. — Mis à part l'ascèse didascalique…

L'AUTRE JE. — (Pour l'instant, seulement…)

IL FOLÂTRE. — … Je suis content d'en faire partie… Je viens d'un compte rendu journalistique sur les Canadiens de Montréal à Québec, contre les Nordiques.

Grand cri de tous les pronoms présents.

LES PRONOMS. — Contre les Nordiques ?

IL FOLÂTRE. — ... Seuls les points de suspension ont résisté... Un massacre, comme dans tous les écrits sportifs.

L'AUTRE JE. — Et alors ?

IL FOLÂTRE. — Je me suis trouvé réduit à des significations à peine labialisables... L'angoisse du pronom qui supporte un dormeur en proie à de mauvais rêves.

Les trois pronoms Nous font ensemble une entrée très remarquée. Ils se présentent : Nous scripte, Nous image, Nous flûteur. Les gestes indicatifs sont les mêmes pour les trois... Nous scripte s'adresse ensuite aux pronoms de la machine à écrire avec lesquels elle tente d'établir une espèce de complicité.

NOUS SCRIPTE. — Salut, les didascaliques !... Je viens d'un rapport script, la grande foire aux didascalies.

LUI MAL ÉCRIT. — Dans le rapport script peut-être. Mais dans ce scénario, nous voulons être des pronoms pluralistes... Je viens des accords sur le libre-échange. *(Cris effrayés des pronoms nouveaux venus.)* J'ai beaucoup appris.

NOUS SCRIPTE. — Peut-être. Mais ce que le libre-échange ne vous apprendra jamais, c'est que la moitié d'un scénario est fait de didascalies... Oui ou non ?

L'AUTRE JE. — Oui, mais le rapport script pourrait être une sorte de dictature, fille d'une grammaire qui, sur ce point, est rarement prise au dépourvu.

NOUS SCRIPTE. — Précisez pour le rapport script... la dictature de ce que vous êtes en train d'écrire sur la machine... la direction... la voie à suivre. *(Elle s'adresse aux pronoms didascaliques.)* Par elle, dans chaque prise, chaque séquence, chaque jour de tournage, vous êtes présents, implacables, en état de siège. D'ailleurs tout film qu'on tourne – surtout pour un pronom personnel – est un commencement de guerre, n'est-ce pas ?

L'AUTRE JE. — L'image de la guerre tout au plus.

NOUS IMAGE. — Ne sommes-nous pas tous enfants de l'image ?

L'AUTRE JE. — À peine les enfants de la concordance des temps, et de l'accord des participes... Moi aussi... Et si vous voulez tout savoir, l'image c'est le diable.

NOUS IMAGE. — Vous travaillez pour qui dans votre scénario ?

L'AUTRE JE. — L'enfer ! L'enfer linguistique. Un phlegeton où les Euménides ont toutes des têtes de vocables mercenaires : script-girl, cameraman, perchman, clackman... autant de virus qui prospèrent chez nous, en maladies inguérissables : star qui se transforme en starring, cast en casting.

TE INTROVERTI. — Le cinéma en a connu d'autres (ne pensez-vous pas ?).

L'AUTRE JE. — Comment ? Il n'est pas encore sorti de l'enfance.

TU NERF DE LA GUERRE. — Il a déjà été chronophotographe, kinétoscope, phénakistiscope, zootrope, lumétoscope, anaglyphe.

L'AUTRE JE. — L'époque où il n'était qu'un passe-temps pour sourds-muets, la parole était absente.

NOUS FLÛTEUR. — Mais pas le son ! Il avait alors la tête d'un pianiste placé sous l'écran et qui aux moments pathétiques jouait les airs à la mode.

L'AUTRE JE. — Un lieu de confusion pour des spectateurs plus obscurs que dans la salle... les pronoms ne savaient plus à quel sexe se vouer (masculin ou féminin)...

TU NERF DE LA GUERRE. — Absolument ! Tout s'y réglait à la française.

LUI MAL ÉCRIT. — Je refuse les pistes supposées fécondes de l'obscurité francophone.

TE INTROVERTI. — Mais alors vous refusez l'amour.

IL FOLÂTRE. — À des pronoms personnels ? Impossible... S'il y a une activité à laquelle ils sont mis à contribution la nuit venue...

L'AUTRE JE. — Non, la nuit nous cédons la place aux possessifs.

LUI MAL ÉCRIT. — Nous cédons parce que le mot amour est un avorton étymologique. Il devrait se prononcer ameur.

TE INTROVERTI. — Qu'est-ce que vous avez contre les mots mal écrits?... Si l'on dit à quelqu'un : Mon ameur!... il ne vous croira jamais.

Entrée des deux Je, grand et petit. Ils se présentent avec le même indicatif. Nous scripte leur montre les feuilles de papier.

NOUS SCRIPTE. — C'est ici!

GRAND JE. — Sur ces papiers?

NOUS SCRIPTE. — Vous venez pour le scénario?

PETIT JE. — On n'a pas encore réussi à comprendre si c'était écrit ou filmé.

NOUS SCRIPTE. — Le drapeau rouge du titre ne donne encore aucune indication.

IL FOLÂTRE. — Sauf qu'il s'agit de cinéma intellectuel (de gauche).

L'AUTRE JE. — Notre rôle risque d'être encore plus important.

TU NERF DE LA GUERRE. — Les cunéiformes sur les tablettes de terre cuite se croyaient aussi très importants.

TE INTROVERTI. — Ils doivent même continuer à le croire sous trente mètres de terre crue.

NOUS IMAGE. — Pour un pronom personnel d'aujourd'hui, c'est différent. À cause de son rôle, non plus dans la grammaire mais au cinéma.

Y ANNONCE DE RÉEL. — Vous pensez qu'un pronom personnel peut avoir une influence sur le cinéma?

NOUS IMAGE. — Capitale! Seuls les pronoms des temps des réformes de Jules Ferry croient que le cadre est ce qu'il y a dans le rectangle de la caméra – ou d'autres venus de Suisse (comme le banquier Necker dans les pensées de Louis XVI) qui le situent de la coupe d'entrée d'un plan à la coupe de fin du même plan... Le cadrage au cinéma, c'est toujours les pronoms personnels.

Y ANNONCE DE RÉEL. — Même lorsqu'ils l'ignorent.

NOUS FLÛTEUR. — Qui l'ignore?

NOUS IMAGE. — Le cadrage est toujours fait des trois pronoms personnels entre lesquels il se situe : Je, Vous...

NOUS SCRIPTE. — Il arrive.

> Vous assis à la recherche de Vous debout s'annonce et se présente. Nous image continue sa démonstration. Petit Je désigne les pronoms au fur et à mesure que Nous image les nomme.

NOUS IMAGE. — Je dis donc, le cadrage est fait de trois pronoms personnels : Je, Vous, Il... Je, celui qui parle et détient le langage... Vous, ceux à qui le langage s'adresse.

> Petit Je pousse Vous assis à la recherche de Vous debout jusqu'à le faire asseoir dans un fauteuil de spectateur. Nous image termine.

NOUS IMAGE. — Quant à Il, c'est celui dont Je entretient Vous.

VOUS ASSIS À LA RECHERCHE DE VOUS DEBOUT — Donc, pour moi (nommé par Vous) membre de votre triangulation, il me faudra transporter un fauteuil de spectateur tout le long des écritures possibles, ici en état de manque.

LUI MAL ÉCRIT. — L'aveugle et le paralytique.

TU NERF DE LA GUERRE. — Vous venez d'où?

VOUS ASSIS À LA RECHERCHE DE VOUS DEBOUT. — D'un discours électoral en campagne dans la IIIe circonscription de Montréal.

L'AUTRE JE. — Pas trop inflationniste le langage?

VOUS ASSIS À LA RECHERCHE DE VOUS DEBOUT. — Obèse! Vous voulez que je vous dise? Nous ne sommes plus crédibles.

GRAND JE. — Il n'y a pas que les pronoms enflés par les politiciens... Nous venons d'un texte psychanalytique.

Petit Je multiplie ses mouvements de présentation.

PETIT JE. — Regardez, j'ai l'ego qui enfle.

TE INTROVERTI. — Ça se voit.

PETIT JE. — Dure épreuve.

GRAND JE. — Avec des moi, des sur-moi, des infra-moi à toutes les lignes, on partait plutôt pour l'embonpoint. Mais un pronom avec de l'embonpoint, ça paralyse toutes les phrases.

PETIT JE. — La paralysie venant de la psychologie, des mots qu'elle fabrique.

GRAND JE. — Et la psychiatrie?...

PETIT JE. — Sous chaque mot un choc, et un électrochoc.

GRAND JE. — Mais d'une électricité qui produit la glace comme dans un réfrigérateur... sans fin patinage sur le gel de l'écriture.

Grand Je s'engage entre cour et jardin comme un joueur de hockey en possession du palet. Il fonce à contre-pied, feinte, est arrêté, se retourne sur lui-même pour repartir, trouve la brèche, et comme s'il voulait loger le palet dans la machine à écrire, tente le tir. Dans l'élan, il est désarçonné, et chute. Tous les autres pronoms personnels pris par l'invitation au jeu deviennent une partie de hockey sur glace avec son public, ses arbitres, ses joueurs punis ou en action, ses appels de haut-parleurs, ses sifflets, ses vociférations, la batte du joueur caparaçonné devenant le sabre d'Arlequin. Les trois Nous relèvent Grand Je, et le ramènent sur la touche où est resté Petit Je.

NOUS SCRIPTE. — Retour au psychanalyste.

PETIT JE. — Pour dire quoi?

Les pronoms continuent. Tel un public de palais de la glace, ils scandent.

CHŒUR DU PUBLIC DE LA PARTIE DE HOCKEY
Phonème - Syllabe - Diérèse - Diphtongue - Euphonie - Hiatus - Accent - Contraction - Élision - Enclitique - Proclitique.

Protestation de Grand Je.

GRAND JE. — S'il a un diplôme le psychanalyste dira que tout en restant le divan que nous sommes, nous allons y être des personnages, créant, par le fait même d'être personnages, leur propre espace – et en même temps (renversement de la vapeur poétique), un espace créant ses propres personnages.

Sifflets. Fin de la partie de hockey.

LUI MAL ÉCRIT. — En effet c'est une belle aventure.

TE INTROVERTI. — Elle est unique.

TU NERF DE LA GUERRE. — Sans prix (si l'on peut dire).

Il rit tout seul de sa plaisanterie de producteur.

IL FOLÂTRE. — Vous venez aussi du papier journal ?

TU NERF DE LA GUERRE. — Je viens des dossiers d'un producteur pour d'éventuels coproducteurs de la francophonie.

TE INTROVERTI. — L'inflation y est la seule façon de dire la vérité.

NOUS SCRIPTE. — Vous me semblez partir comme candidat à la corbeille à papier.

L'AUTRE JE. — La corbeille à papier est le lieu le plus riche en pronoms personnels depuis que le monde est monde.

LUI MAL ÉCRIT. — Faut-il nous la souhaiter ?

PETIT JE. — C'est la fin du scénario, votre souhait.

Y ANNONCE DE RÉEL. — Peut-être vaudrait-il mieux continuer ce que nous avons déjà commencé.

TU NERF DE LA GUERRE. — Donc s'organiser, l'organisation étant un gène héréditaire pour chaque citoyen de la grammaire.

Entrée d'Elle massmédiate. Elle se présente. Indicatif d'Elle.

ELLE MASSMÉDIATE. — Me voilà.

Y ANNONCE DE RÉEL. — Je la connais.

PETIT JE. — Vous venez d'où ?

ELLE MASSMÉDIATE. — *Revue Verte* pour la défense des érables menacés.

Y ANNONCE DE RÉEL. — Mais auparavant, nous étions ensemble dans un mensuel de théâtre (la publicité seulement...).

TU NERF DE LA GUERRE. — En effet, c'est la moins chère.

L'AUTRE JE. — Ne nous perdons pas dans la société spectaculaire.

NOUS SCRIPTE. — Surtout au moment de vous prolonger avec les pronoms Nous de toute une équipe qui donnera vie au scénario.

Intervention du spectateur.

VOUS ASSIS À LA RECHERCHE DE VOUS DEBOUT. — Plus les pronoms qu'on peut obtenir par division du Vous – les spectateurs.

Y annonce de réel en profite pour accueillir Elle massmédiate.

Y ANNONCE DE RÉEL. — Mais aussi par multiplication de Elle (singulier) par Elles (pluriel).

Il folâtre, en revanche, se désolidarise de Lui mal écrit.

IL FOLÂTRE. — Et la division de Ils (pluriel) par Il (singulier).

VOUS ASSIS À LA RECHERCHE DE VOUS DEBOUT. — N'insistez pas trop sur les permissivités grammaticales. Elles vont nous basculer de non-sens à contresens si on les livre à ces divisions, soustractions en cours de texte. (Ici, je suis Vous spectateur.)

L'AUTRE JE. — Tout comme les pronoms des pays socialistes, la grammaire a ses vérités triviales *(istina)* et ses vérités supérieures *(pravda)*...

Quelles que soient les apparences auxquelles les grammaires nous conforment pour maintenir leur vraisemblance, nous devons nous référer à la vérité supérieure.

VOUS ASSIS À LA RECHERCHE DE VOUS DEBOUT. — L'époque où cinq fautes d'orthographe faisaient de celui qui voulait nous aborder un zéro, un non-citoyen de la page d'écriture est révolue. L'un après l'autre les décrets de l'Instruction publique, même s'ils sont corrigés par des contre-décrets, nous marginalisent.

LUI MAL ÉCRIT. — Qui ? Les spectateurs ?...

VOUS ASSIS À LA RECHERCHE DE VOUS DEBOUT. — Non ! Les pronoms.

TE INTROVERTI. — Plus encore... On nous phonétise.

ELLE MASSMÉDIATE. — Juste ! Il faut se perdre dans une langue étrangère à nous, si nous voulons figurer dans une chanson.

TU NERF DE LA GUERRE. — Attention, même traduits nous restons des pronoms personnels.

NOUS FLÛTEUR. — Mais corrompus... Nous entrons dans l'hiver des fleurs de notre langue, reléguées qu'elles sont dans les poubelles de l'Histoire par les cent vingt touches d'un ordinateur (forcément américain).

Y ANNONCE DE RÉEL. — Les fleurs, c'est qui ?

ELLE MASSMÉDIATE. — C'est nous ?

NOUS FLÛTEUR. — Non ! – Les fleurs contre lesquelles les banques de données et de traitement de texte mènent une guerre quotidienne : la tremblante cédille, le souriant tréma, et l'accent (notre irremplaçable chef d'orchestre)... On les condamne à ne plus exister.

TU NERF DE LA GUERRE. — Pas de pathétisme... Donnez auparavant le motif de la protestation des banques de données et de traitement de texte... Vous ne répondez pas ? Alors je le dirai à votre place : les cédilles sont mineures pour l'économie du pays auquel nous devons notre grammaire.

VOUS ASSIS À LA RECHERCHE DE VOUS DEBOUT. — Question !... Avec un dictionnaire de l'Académie française, combien de fois mis à jour, un spectateur doit-il venir pour franchir votre réunion ?

NOUS IMAGE. — Le dictionnaire de l'Académie n'est qu'une sous-traitance. Il offre à peine le tiers des mots nécessaires à la préparation, au tournage, et à la distribution d'un film.

IL FOLÂTRE. — Et vous voulez qu'un pronom soit lésé des deux tiers de ses possibilités dès qu'il se destine à l'aventure qui respire avec des manivelles.

Y ANNONCE DE RÉEL. — Camarades pronoms, opposez-vous à l'autodestruction à laquelle vous êtes conviés.

LUI MAL ÉCRIT. — Nous devons faire du scénario une pétition qui le bannisse de cette machine à écrire.

TU NERF DE LA GUERRE. — Maladie infantile... Que mettrez-vous à la place ?

TE INTROVERTI. — Un poème.

TU NERF DE LA GUERRE. — Archaïque.

NOUS SCRIPTE. — C'est quoi pour un pronom – un poème ?

Les pronoms partisans du poème, frappant leurs bâtons, essayent de donner exubérance au poème tel que le disent les grammaires.

POÈME TEL QUE LE DISENT LES GRAMMAIRES

Ballade	Florilège	Satire
Cantate	Fabliau	Sonnet
Dithyrambe	Héroïde	Triolet
Élégie	Madrigal	Villanelle
Épopée	Romance	Priapée
Épithalame	Rondeau	Spicilège

Les pronoms partisans du scénario interrompent.

TU NERF DE LA GUERRE. — C'est beaucoup trop... Et il reste encore : Bergerie - Bout-rimé - Épode - Blason - Lai - Chanson de toile - Sille - Thrène - Macaronée - Pantoum... Essayez de dire ce que vous avez à dire, en *un* mot comme un producteur à Hollywood ouest sous ce contrôle maffioso qui sait ce qu'économie veut dire.

LUI MAL ÉCRIT. — Un poème consiste à passer à la ligne, avant la fin d'une phrase.

Petit Je, sévère.

PETIT JE. — Tandis que le scénario crée deux colonnes où se correspondent à l'infini dialogues et didascalies. Les images naissent d'elles, sur elles.

GRAND JE. — La différence n'est pas là.

L'AUTRE JE. — Dans le poème nous devenons une tentative incantatoire pour suggérer l'être dans (et par) la disparition vibratoire du mot…

IL FOLÂTRE. — … Un au-delà promis par des mots auparavant devenus fous.

GRAND JE. — Faire du silence avec du langage… Inutilisable pour un scénario.

Y ANNONCE DE RÉEL. — Pourquoi un scénario à tout prix ?

VOUS ASSIS À LA RECHERCHE DE VOUS DEBOUT. — Devant un scénario, ou dans un poème, un spectateur sera toujours un spectateur.

NOUS IMAGE. — Sans la sécurité de l'emploi que le scénario nous accorde… sur quoi et avec quoi allons-nous écrire ?

L'AUTRE JE. — Le scénario que je véhicule ne répond pas.

NOUS IMAGE. — Sans doute est-il en train de se poser le pourquoi des enfers linguistiques.

L'AUTRE JE. — Avec comme seule réponse un autre pourquoi : pourquoi se les inventer ?

NOUS FLÛTEUR. — Je viens de participer à un article sur le cinéma. J'étais un des ces Nous à la suite de Staline en train d'assister à la projection d'un film. À un moment, le voyant mécontent, le texte me fait l'obligation urgente et vitale de lui dire : « Camarade

Staline, ce film, c'est de la merde. » Et Staline répond : « Oui, mais c'est notre merde. »

NOUS IMAGE. — Alors vive ce qui nous appartient.

GRAND JE. — La poésie ne vit pas seulement de ce qui a lieu, mais de ce qui pourrait avoir lieu dans l'ordre du vraisemblable et du nécessaire.

Y ANNONCE DE RÉEL. — La vraisemblance est une maladie qui nous fait trépasser avant de mourir.

LUI MAL ÉCRIT. — Tout d'abord, un pronom personnel est écriture. Pourquoi ?

Il entame une charge guerrière.

NOUS SCRIPTE. — Faut-il le renvoyer au libre-échange entre les États-Unis et le Canada ?

LUI MAL ÉCRIT. — Vous voulez ma paupérisation ?

NOUS SCRIPTE. — C'est peu dire.

LUI MAL ÉCRIT. — (Ma mort ?) Même écriture défectueuse, ma mort c'est moi qui la choisis… Ce sera le lieu le plus inventif et le plus riche…

Il désigne la corbeille à papier.

NOUS SCRIPTE. — Allez-y… Vous aurez votre nom marqué sur le rapport script.

LUI MAL ÉCRIT. — Y serai-je mal écrit, ou bien écrit ?

NOUS SCRIPTE. — Comme vous êtes.

LUI MAL ÉCRIT. — Alors, je refuse.

NOUS SCRIPTE. — Qu'est-ce qu'on fait ?

GRAND JE. — Laissez-le réfléchir.

Les deux Nous (image et flûteur) assomment le pronom mal écrit.

NOUS IMAGE. — Il réfléchit.

 Pour des raisons différentes tous les bâtons protestent en même temps.

TE INTROVERTI. — Tous, pour un poème final, groupons-nous, et demain...

TU NERF DE LA GUERRE. — Attention! *L'Internationale* c'est bien.

IL FOLÂTRE. — C'est encore aujourd'hui même contre les évidences.

TU NERF DE LA GUERRE. — Contre ces évidences-là pas de cinéma.

Y ANNONCE DE RÉEL. — C'est ce que nous voulons.

 Manifestation spontanée.

TE INTROVERTI. — Contre le mot absent au milieu des pages qu'il encombre!...

 L'Autre Je, monté sur la machine à écrire, déchire la page du scénario déjà commencée.

L'AUTRE JE. — Contre les enfers linguistiques.

 Nous scripte grimpe à son tour sur la machine, assomme l'Autre Je qui dégringole au pied de la corbeille à papier. Les deux autres Nous font refluer les pronoms manifestants sur la machine où ils se trouvent coincés (susceptibles de partir dans une autre histoire).

NOUS SCRIPTE. — Un rapport de scripte peut supporter une grève simulée, mais pas un affrontement réel.

TU NERF DE LA GUERRE. — Pronoms, méfiez-vous de la machinerie cellulaire en action. Il faut maintenant se préparer au scénario.

 Protestations de la part des pronoms coincés sur la machine à écrire.

IL FOLÂTRE. — Écoutez... Avant le sport j'ai fait un stage dans la poésie... Sur quatre pages blanches... en petits caractères, au milieu de la deuxième, Il te regarde... Vous comprenez? Le lecteur se trouve dépossédé de ses privilèges... Ce n'est plus lui qui lit. C'est Il qui le regarde parce qu'il est le vrai langage.

VOUS ASSIS À LA RECHERCHE DE VOUS DEBOUT. — De quoi? De quoi?

ELLE MASSMÉDIATE. — J'ai obtenu le prix Émile Nelligan. *(Elle chante un poème d'Émile Nelligan, les bâtons accompagnent.)* Ah! Comme la neige a neigé Ma vitre est un jardin de givre... *(Elle termine.)* ... Avec la mention : Pour sa protestation contre les évidences du quotidien.

TU NERF DE LA GUERRE. — Les œuvres de bienfaisance n'entrent pas dans nos préoccupations.

Lui mal écrit se remet sur pied pour dire :

LUI MAL ÉCRIT. — Il s'agit de déportation... de mots déportés hors de leur gangue. Pour un poème d'aujourd'hui, c'est capital.

IL FOLÂTRE. — Il y a mieux.

L'AUTRE JE. — Et ce serait?

IL FOLÂTRE. — Le chat de Mallarmé.

NOUS SCRIPTE. — Mallarmé?

L'AUTRE JE. — Celui dont toutes les impasses poétiques se réclament?

IL FOLÂTRE. — De lui peut-être, mais pas de son chat.

ELLE MASSMÉDIATE. — Vous saviez que pendant des années, il n'a pas réussi à dormir (même debout)?

IL FOLÂTRE. — Les deux n'ont pas dormi... Ainsi Mallarmé, la nuit, a été confronté au langage des gouttières, et il a pu comprendre ce que les chats disaient. Ce ne fut pas une révélation, mais ça le devint le soir où il entendit son propre chat répondre à un autre chat qui lui demandait : « Que fais-tu en ce moment? — Je feins d'être chat chez Mallarmé. »

LUI MAL ÉCRIT. — Ça ne résout le problème des enfers linguistiques que la nuit.

Nous scripte est excédée.

NOUS SCRIPTE. — Faites-lui peur.

Nouvelle attaque des premières personnes du pluriel que Lui mal écrit anticipe. Il s'allonge aussitôt derrière la corbeille. Nous image désigne les trois écrans en attente.

NOUS IMAGE. — Donc en attendant mieux, il nous faudrait feindre ces structures qui feignent d'être des écrans qui à leur tour vont feindre d'être la parabole du film.

TU NERF DE LA GUERRE. — L'explication du poème étant aujourd'hui plus importante que le poème, quel serait selon vous le thème de votre complainte. Allez-y, je m'attends à tout.

TE INTROVERTI. — Même à une explication plus ténébreuse encore que le poème qu'elle doit clarifier?

GRAND JE. — Pourquoi? Ça pourrait être le film du siècle, cherchant à travers différents thèmes, mais sans y parvenir, à s'inventer son propre cinéaste.

NOUS FLÛTEUR. — Et Nous là-dedans?

PETIT JE. — Être les porteurs des mots d'un poème souffert par un réalisateur de notre temps sur les difficultés d'être du cinéma et de son siècle.

TU NERF DE LA GUERRE. — Un poème écrit par un réalisateur de cinéma, c'est le passage de la dentisterie à la dentistique, voire l'arrachage de dents, nous en sommes encore très loin. Tandis qu'un scénario...

NOUS IMAGE. — C'est différent.

PETIT JE. — Un poème à lui tout seul est fait de cent scénarios. *(Il désigne les Tu.)* Des pronoms ayant mariné sur les tables de production – et leurs dessous – devraient le comprendre.

ELLE MASSMÉDIATE. — D'autant plus que les producteurs sont les seuls poètes qui nous restent.

Tu nerf de la guerre, méfiant.

TU NERF DE LA GUERRE. — Ça voudrait dire quoi ?

L'AUTRE JE. — Sauf qu'ils s'expriment avec de l'argent.

TU NERF DE LA GUERRE. — Un langage que tout le monde comprend. Pas comme dans un poème.

NOUS IMAGE. — Les trois écrans en attente qui nous entourent demandent un scénario.

NOUS SCRIPTE. — Résumons-nous. Vous voulez que ces écrans deviennent la pensée d'une feuille de papier sur laquelle les pronoms écriront le poème. Comment (et de quoi) alimenter cette pensée ?

GRAND JE. — La corbeille à papier où vivent en souffrance non seulement les exclus (toujours disponibles) du Livre, mais aussi les plus beaux assauts vers le ciel. Connaît-on un seul assaut à la verticalité qui n'ait pas fini dans une corbeille ?

Lui mal écrit flatte la corbeille de la main.

LUI MAL ÉCRIT. — Une vraie encyclopédie d'oiseaux en attente.

NOUS FLÛTEUR. — La corbeille ? Une attente de quoi ?

GRAND JE. — Une attente de nous.

LES TROIS NOUS. — Une attente de Nous ?

PETIT JE. — Pour les coordonner, leur apporter un sens, une échelle de Jacob (et son combat) en puissance.

VOUS ASSIS À LA RECHERCHE DE VOUS DEBOUT. — Vous pensez que de mon fauteuil, l'affrontement avec un ange est inévitable.

TE INTROVERTI. — Nous croyons.

IL FOLÂTRE. — Mais à condition d'ajouter au Vous du spectateur que vous êtes, le Il du comédien.

PETIT JE. — Que multiplie le Je de la mise en scène.

LES TROIS NOUS. — Avec toujours additionnés les trois Nous, pronoms pluriels.

TU NERF DE LA GUERRE. — Pas si vite !

VOUS ASSIS À LA RECHERCHE DE VOUS DEBOUT. — J'allais le dire.

Y ANNONCE DE RÉEL. — Admettez que dans le poème, je cesse d'être didascalique pour endosser un personnage ; comment parvenir à un Elle de plénitude si pour traverser une phrase je dois être Je, Tu, Nous, Vous ?

Elle traverse l'espace de jeu en reproduisant l'un après l'autre tous les indicatifs.

GRAND JE. — À vous d'apporter la conviction nécessaire à chaque changement. Le phénix qui n'est qu'un oiseau incertain parmi tous ceux dont nous pourrions disposer, ne trouve-t-il pas le moyen de renaître de ses cendres ?

Lui mal écrit et Te introverti vont chercher la corbeille à papier, et la renversent au milieu de l'aire de jeu. En sortent des papiers froissés avec plans de travail vingt fois recommencés, dialogues délaissés, prévisions d'équipes de tournage, et des plumes, encore des plumes.

ELLE MASSMÉDIATE. — Qu'est-ce que c'est ?

TE INTROVERTI ET LUI MAL ÉCRIT. — Le phénix !

L'AUTRE JE. — La corbeille à papier ?... Vous n'y songez pas. C'est la fin du poème... Pas le commencement.

TE INTROVERTI. — Il y a tout ce dont nous pourrions avoir besoin... Comme dans un grand magasin.

LUI MAL ÉCRIT. — Les noms dont nous pourrons être les pronoms sont là... Les metteurs en scène...

Les pronoms s'emparent des papiers.

NOUS SCRIPTE. — La scripte.

NOUS FLÛTEUR. — L'ingénieur du son.

Y ANNONCE DE RÉEL. — La monteuse.

TU NERF DE LA GUERRE. — Y a-t-il un producteur ?

TE INTROVERTI. — Avec une signature comme une pelote dont un chat s'est servi.

PETIT JE. — Le premier assistant.

ELLE MASSMÉDIATE. — La comédienne.

NOUS IMAGE. — Ce doit être Louise Brooks. Dans toute l'histoire du cinéma, il n'y a eu qu'une seule comédienne. C'est elle.

GRAND JE. — Exact. Son visage avait l'intelligence de la lumière.

NOUS IMAGE. — Il ne la prenait pas. Il la transfigurait.

ELLE MASSMÉDIATE. — Un pronom doit avoir assez de sensibilité pour s'adapter à toutes les lumières (et pas simplement écrites)... La vie ou la mort d'une étoile, non grammaticale – vous comprenez ?

NOUS IMAGE. — En quoi une étoile grammaticale aurait moins de vie, de mort... ou même de lustre ?

ELLE MASSMÉDIATE. — Vous devriez pourtant me comprendre.

NOUS SCRIPTE. — Ce n'est pas le moment d'allumer les lumières d'en haut !... Pour l'instant c'est au poème à parler du film, et de ses personnages. Nous ne sommes que les serviteurs d'un texte...

L'AUTRE JE. — ... qui échappe au scénario dans l'espoir de mieux le dire (peut-être).

Y ANNONCE DE RÉEL. — Vous cherchez l'effet V... ? (La distanciation ?)

L'AUTRE JE. — Un pronom y est condamné.

IL FOLÂTRE. — Nous avons suffisamment de plumes pour cela.

VOUS ASSIS À LA RECHERCHE DE VOUS DEBOUT. — Elles viennent d'où ?

PETIT JE. — De chez la costumière.

NOUS SCRIPTE. — Un film au Québec ne peut se faire sans passage d'oiseaux dans le ciel. Il les contient tous.

GRAND JE. — Ce que cherchent scénariste, opérateur, comédien que nous allons être (dans la prémonition que nous en avons en ce moment), c'est une certaine façon de dialoguer avec lui.

Le spectateur crie.

VOUS ASSIS À LA RECHERCHE DE VOUS DEBOUT. — Mais comment ?

L'assistant lui répond en criant.

PETIT JE. — Vous êtes un pronom boulimique.

VOUS ASSIS À LA RECHERCHE DE VOUS DEBOUT. — Et pourquoi ?

L'AUTRE JE. — Toujours affamé.

TU NERF DE LA GUERRE. — C'est son droit.

VOUS ASSIS À LA RECHERCHE DE VOUS DEBOUT. — Va pour le pronom boulimique. Le moment est venu de savoir comment nous allons être écrits – et de le dire, sinon on peut passer tout de suite à l'entracte.

L'AUTRE JE. — Toute la question est là.

Nous image trouve dans le tas qui vient d'être déversé un bâton avec un chat-huant.

NOUS IMAGE. — Regardez.

ELLE MASSMÉDIATE. — C'est quoi ?

GRAND JE. — Une caméra.

LUI MAL ÉCRIT. — Une caméra ? Cette volaille ?

PETIT JE. — Elle a volé les yeux du chat-huant.

NOUS IMAGE. — Dans le Grand Nord les caméras ont toutes des plumes. Ça les empêche de geler.

Grand Je s'empare d'un tas de plumes de chouette lapone et les déverse au-dessus de la tête d'Elle massmédiate.

GRAND JE. — Un proverbe québécois dit : Les plus belles histoires d'amour se font dans le regard des chouettes lapones.

Elle massmédiate disparaît derrière la corbeille. Nous image brandit le chat-huant comme une caméra.

NOUS IMAGE. — C'est pour cela qu'elles ne regardent que d'un seul œil.

Grand Je ramasse les plumes, s'en fait un habit. Petit Je le rejoint avec des plumes de petit-duc maculé.

PETIT JE. — Les miennes ont toujours eu la tête du petit-duc maculé. (Plus petit, ça s'expose moins...)

TU NERF DE LA GUERRE. — Les oiseaux sont notre miroir seulement quand ils passent.

NOUS SCRIPTE. — Dans ce qu'ils voient la nuit aussi. Le grand-duc c'est pour qui ?

Ils forment un cercle autour de la corbeille et de ses richesses et articulent un ballet où le bâton joue en stylisé le rôle du crochet de chiffonnier. Au fur et à mesure que le pronom trouve les plumes qui semblent lui correspondre, il quitte le cercle pour aller former un triangle de vol, où il s'en habille, et se donne l'illusion de tramer un passage des oiseaux dans le ciel... Seul l'Autre Je grimpe sur la machine à écrire.

L'AUTRE JE. — Les cultures de poème sont infinies. On plante un mot et il pousse un oiseau... Le pélican et son arriéré romantique pour le scénariste.

Nous scripte bat de l'œil, attendrie.

NOUS SCRIPTE. — Oh ! le rouge-gorge ! Un chanteur. Écoutez ! *(Elle fredonne le thème précurseur du premier poème à venir.)* C'est moi.

Nous flûteur tire du tas un corbeau noir avec une ligne blanche sur le bas des ailes. Il est accroché à un bâton comme l'était déjà le chat-huant de Nous image.

NOUS FLÛTEUR. — Un flûteur, comme moi. (Il reproduit les voix d'en haut, et celles d'en bas.)... Indispensable pour enregistrer un poème.

LUI MAL ÉCRIT. — La poule d'eau. Regardez, en elle s'est concentrée la vérité des pronoms de la fin du siècle (elle ne se consume pas, elle se dilue).

IL FOLÂTRE. — Et voilà le chevalier branle-queue (on dirait qu'il a répété à l'Actor's Studio).

TE INTROVERTI. — Coucou! Coucou! La confraternelle des deuxièmes personnes du singulier.

TU NERF DE LA GUERRE. — Étant donné les circonstances qui nous obligent à une vraisemblance avec des ailes, ce sera pour moi le géocoucou.

ELLE MASSMÉDIATE. — La mouette à pattes rouges! Des pattes faites pour arpenter la bourse aux pronominales vedettes.

Y ANNONCE DE RÉEL. — Le cardinal, l'oiseau indien de la grande métamorphose. (Pour une fois l'habit fait le moine.)

TU NERF DE LA GUERRE. — Vous n'allez pas déballer le problème indien. Laissez-le aux oiseaux américains qui font de la figuration en Californie, c'est préférable.

TE INTROVERTI. — Ce n'est pas le cardinal. C'est la gelinotte à fraise.

VOUS ASSIS À LA RECHERCHE DE VOUS DEBOUT. — C'est pas mieux.

TE INTROVERTI. — Comment? Elle bat des ailes, lesquelles reproduisent des roulements de tambour pour traduire son désir de galaxies.

VOUS ASSIS À LA RECHERCHE DE VOUS DEBOUT. — Les roulements de tambour ne disent pas le rôle des pronoms dans votre affaire.

IL FOLÂTRE. — Il faudrait les huards.

VOUS ASSIS À LA RECHERCHE DE VOUS DEBOUT. — Les huards, pour quoi faire ?

IL FOLÂTRE. — Pour remplir les silences du poème.

TE INTROVERTI. — Et le haïfang ?

VOUS ASSIS À LA RECHERCHE DE VOUS DEBOUT. — Il ne quitte jamais le Grand Nord.

TE INTROVERTI. — C'est quand même l'oiseau national.

VOUS ASSIS À LA RECHERCHE DE VOUS DEBOUT. — C'est pas possible. Ça devient un incubateur à poulets, votre histoire.

> *Seule Nous scripte se précipite devant le spectateur. Tous les autres se rangent derrière elle.*

NOUS SCRIPTE. — Les totems, vous connaissez ? Nous sommes une terre à totems, chacun le sien. Et puis, c'est que nous sommes en train de faire un poème, non ? avec ses obligations. Entre autres, celle de ne pouvoir représenter une équipe de cinéma qu'en la transposant. Pour nous, c'est la fable où le chat-huant donne ses yeux à la caméra, la chouette son regard aux quatre dimensions de l'univers. Quatre dimensions où Nous scripte est le rouge-gorge, un des quatre oiseaux chanteurs.

> *De nouveau elle fredonne le thème de ce que sera le premier poème. L'Autre Je l'interrompt aussitôt comme si Nous scripte lui avait apporté une idée.*

L'AUTRE JE. — Question d'avant l'écriture : elle devrait vous accompagner pendant tout le poème. *(Il commence à rythmer avec son bâton.)* La réponse est en vous.

> *Les pronoms rythment à leur tour avec les bâtons et construisent un texte en marche vers la chanson.*

EXERGUE

Que survit-il
sous le ciel
après le passage
d'une migration

d'oiseaux ?
Notre espace
en est-il
transformé ?

L'Autre Je applaudit.

L'AUTRE JE. — Pronoms, savez-vous ce que nous venons de faire ? Nous avons écrit l'exergue.

Les pronoms sont contents ; ils s'applaudissent à leur tour.

NOUS SCRIPTE. — Pronoms didascaliques !

IL FOLÂTRE ET Y ANNONCE DE RÉEL. — Nous ne sommes plus didascaliques. Dans un poème, il n'y a pas de didascalies.

NOUS SCRIPTE. — Pronoms qui avez cessé d'être didascaliques, expulsez quand même cette corbeille à papier. C'est après l'écriture qu'il faut s'en servir, pas avant...

Les trois pronoms ex-didascaliques s'exécutent.

GRAND JE. — Pour l'instant nous n'avons qu'une chose à faire : apprendre à un film fantôme à circuler sur des pages blanches.

II

Méditation parlée. Les pronoms personnels s'agenouillent et se concentrent autour d'une façon de faire le film, laquelle deviendra écriture.

PETIT JE. — Apprendre à un film fantôme à circuler sur des pages blanches.

LES PRONOMS. — Reconnaître dans les masculins et les féminins dont nous sommes pétris, les ancêtres de notre compréhension des choses. Les images vont devenir notre seul trajet.

GRAND JE. — Courir d'une explication à l'autre, l'explication ayant plus d'importance que la chose expliquée. Entrer dans un espace nul.

LES PRONOMS. — Simuler le silence zen… Difficile à respirer, même si l'on fait de nous des pronoms relatifs, des pronoms indéfinis.

L'AUTRE JE. — La prise au corps des mots, jusqu'à l'arrachement à la syntaxe.

NOUS IMAGE. — Ce monde des oiseaux qui naît en chaque opérateur dès qu'il a fait les lumières ; commencer avec lui le dialogue.

LES PRONOMS. — Le film que nous allons découvrir entre dans les mots dont nous avons la tutelle.

L'AUTRE JE. — Pour le scénariste le film sera une façon d'aller mourir avec ses mots dans l'image. Le verbe cesse d'être un fondateur de dynasties. Attente du poème.

LES PRONOMS. — Voir, sur le blanc de l'écran, se dresser la grammaire devenue échelle de Jacob.

Ils se lèvent tous d'un seul coup.

IL FOLÂTRE. — Maintenant il va falloir nous confronter aux mots toujours affamés d'un scénario arrêté.

NOUS IMAGE. — L'image est prête.

NOUS FLÛTEUR. — Le son est prêt.

NOUS SCRIPTE. — Prête, la scripte.

ELLE MASSMÉDIATE. — Alors, une demande : pourquoi ne pas ressortir Louise Brooks de ce que la corbeille à papier offre ?

PETIT JE. — Pour cet essai ?

Y ANNONCE DE RÉEL. — Elle pense qu'elle est Louise Brooks.

ELLE MASSMÉDIATE. — Pourquoi pas ?

PETIT JE. — Impossible. C'était une autre star.

L'AUTRE JE. — À mon avis, de vous deux, la seule à pouvoir y prétendre, c'est elle.

Il désigne Y annonce de réel.

ELLE MASSMÉDIATE. — Savez-vous qu'il existe des pronoms personnels avec imprésario pour les défendre ?

IL FOLÂTRE. — Depuis le regretté Lino Ventura (dont je pourrais être le pronom), ça n'existe plus.

ELLE MASSMÉDIATE. — Et la bourse aux stars ?

PETIT JE. — Attention au virus. Ce n'est pas star qu'il faut dire, mais étoile (reste à savoir avec quoi elle est fabriquée).

ELLE MASSMÉDIATE. — Avec nous.

GRAND JE. — Alors Louise Brooks, c'est qui ?

Tous les pronoms personnels féminins lèvent la main.

TU NERF DE LA GUERRE. — Vous allez attirer, comme autant de locutions hargneuses, les redoutables pronoms du syndicat des acteurs.

NOUS FLÛTEUR. — Polémique stérile : Louise Brooks, c'est l'époque du muet.

NOUS IMAGE. — Attention, le cinéma c'est l'image. Le son n'est intervenu que pour la vulgariser. Une vulgarisation d'autant plus perverse que le son se croit toujours une utopie.

> Ils se menacent avec leur bâton. Et comme sur chaque bâton il y a un oiseau, la menace dégénère en combat de coqs. Les pronoms deviennent une arène de combat avec ses propriétaires, ses parieurs, ses hurleurs. Les deux Nous porteurs de l'antagonisme perpétuel du son et de l'image crient et frappent.

NOUS FLÛTEUR. — L'image voue à la domesticité non seulement l'utopie de nos codes, mais toutes les utopies qui devraient intervenir dans un film.

NOUS IMAGE. — Pour contester l'hégémonie du monde optique, un ingénieur du son devrait faire de la peinture – pas du son.

> Les deux pronoms saignent. Le Nous flûteur sautille comme s'il avait la jambe tranchée d'un coup d'éperon. Avec beaucoup de difficultés, Petit Je parvient à les séparer.

PETIT JE. — Tout ça se règle au montage. Seule doit nous importer maintenant la reconstitution de la bataille.

ELLE MASSMÉDIATE. — Quelle reconstitution ?

GRAND JE. — Chaque film possible que le poème effleure à la recherche de son metteur en scène est le commencement d'une bataille. Je suis le pronom Je qui le représente, ce metteur en scène.

VOUS ASSIS À LA RECHERCHE DE VOUS DEBOUT. — Vous allez en effleurer combien de batailles ?

NOUS SCRIPTE. — Une guerre civile (Espagne), une guerre de résistance (France), une guerre concentrationnaire (Autriche), une guerre du langage (Allemagne).

> Elle désigne le portrait-robot.

VOUS ASSIS À LA RECHERCHE DE VOUS DEBOUT. — Ça fait beaucoup pour un pronom francophone.

GRAND JE. — Ne vous y trompez pas... C'est toujours la même bataille qui recommence.

VOUS ASSIS À LA RECHERCHE DE VOUS DEBOUT. — Si nous devons la retrouver partout, autant l'expliquer, et dire ce qu'elle représente.

PETIT JE. — Impossible.

VOUS ASSIS À LA RECHERCHE DE VOUS DEBOUT. — Et pourquoi ?

PETIT JE. — Elle change toujours d'identité.

GRAND JE. — Plus elle recommence, plus elle se reproduit. Et plus elle se reproduit, plus elle change. Mais avec sur elle les ombres portées des fondateurs des républiques d'un jour, des constructeurs d'égalitarismes (même lorsque ces égalitarismes sont devenus coupeurs de têtes), des fabricants d'horloges où les aiguilles sont plus nombreuses que les chiffres. Mammouths de l'absolue solitude pour mourir debout sur toute l'étendue du siècle.

PETIT JE. — Elle s'est imposée comme un droit à reconquérir chaque jour.

VOUS ASSIS À LA RECHERCHE DE VOUS DEBOUT. — Alors, qu'attendez-vous pour commencer le poème ?

PETIT JE. — Qui veut commencer ?

GRAND JE. — Nous commençons tous.

> *Ils déroulent plusieurs pages blanches sur lesquelles ils prennent position par familles de pronoms. Accompagnés par leur propre bâton, ils chantent.*

DÉBUT DU POÈME

Le froid s'installe toujours
autour des histoires à raconter.
Nous faisons des signaux.
Comme ces alpinistes
perdus dans la montagne
en attente de secours.
Nous devons inventer
le feu, de toutes pièces.

Arrivera le moment où
le destin de l'humanité
dépendra de ce feu – avec
les alphabets et ses écritures
et la page blanche en fête.
Première tentative de vêtir
les personnages, de temps écrit.

Ils se congratulent tous.

GRAND JE. — Maintenant que le poème est commencé, cette bataille dont on ignore toujours l'issue va trouver asile au-delà des Pyrénées où les erreurs sont les vérités de chez nous. Curieux de mourir (et combien de fois) dans une guerre que nous n'avons pas faite. Et pourtant combien d'entre nous s'y sont rendus, à travers les publications les plus diverses, avec le fol espoir de trouver sur l'un des champs de bataille la réponse (ou la demande, peu importe) que le siècle n'a pas donnée. Sommes-nous, ce faisant, discours d'ancien ou de nouveau combattant ?

Ils replient chacun leur page.

NOUS IMAGE. — Le drame pour nous, c'est que l'ancien et le nouveau font partie de la même bataille.

PETIT JE. — À nous les situations... À vous les personnages. Nous allons dessiner le portrait à la recherche de *L'Internationale* au-delà des Pyrénées. Vous êtes prêts ?

ELLE MASSMÉDIATE. — C'est quoi *L'Internationale* au-delà des Pyrénées ?

GRAND JE. — Inventez-la, c'est le meilleur moyen de la connaître.

PETIT JE. — En voici le portrait-robot. Retrouver le combattant dans cette bataille, c'est retrouver la bataille entière.

Petit Je et Nous scripte amènent le portrait-robot qui temporairement va trôner sur la machine.

NOUS SCRIPTE. — Le portrait-robot de la guerre civile espagnole n'est sorti de la prison de Barcelone sous la République, que pour entrer dans une prison française sous une autre République. Il n'a franchi le seuil de la prison française que pour partir à destination du camp allemand. C'est à l'échelle mondiale qu'il s'est trouvé seul. À l'échelle mondiale qu'il a continué à se battre.

L'AUTRE JE. — À l'échelle mondiale qu'il continue à être seul.

NOUS SCRIPTE. — Premier essai destiné à l'écriture.

> *Sautant d'une touche à une autre, d'un point à un autre de la machine à écrire, Nous image et Nous flûteur tentent de reconstituer la bataille autour du portrait-robot. Chacun des groupes qui y participent (groupes des techniciens, féminin et masculin) couvrira le portrait-robot de ses habits de guerre d'Espagne. Images et documents d'époque.*

PETIT JE. — La reconstitution d'une bataille.

NOUS FLÛTEUR. — Pour le son, reconstitution de quoi ?

PETIT JE. — La canonnade au loin – pour commencer.

NOUS IMAGE. — Il fait encore nuit. Pour l'image, les perspectives sont bouchées.

PETIT JE. — Le son, vous m'entendez ?

NOUS FLÛTEUR. — La rivière clapote. Par-dessus le cri d'un oiseau.

NOUS SCRIPTE. — Ce pourrait être une corneille.

NOUS FLÛTEUR. — Compris. À l'annonce de la bataille répond le cri de la corneille.

PETIT JE. — La république étant imprévision, les fascistes attaquent toujours avant le moment prévu.

GRAND JE. — Attention ! Les fascistes attaquent.

NOUS FLÛTEUR. — Son : les grenades, le vacarme, les hurlements.

NOUS IMAGE. — Image : on court de tous les côtés dans la plus grande confusion.

NOUS SCRIPTE. — Le groupe qui aurait pu chanter *L'Internationale* en français a vécu.

GRAND JE. — Et depuis, il cesse de vivre chaque nuit... Son !

NOUS FLÛTEUR. — La corneille crie comme si de rien n'était.

PETIT JE. — D'un groupe wallon replié derrière un monticule, il devrait rester cinq hommes.

NOUS SCRIPTE. — Tous blessés.

NOUS IMAGE. — Image : ils continuent à être cinq, tous blessés, derrière le même monticule.

GRAND JE. — Sur la colline au suicide, il n'en reste qu'un. Il est anglais.

PETIT JE. — Son !

NOUS FLÛTEUR. — La tribu anglaise s'est laissée surprendre par les Maures d'en face qui sont arrivés en chantant *L'Internationale* en espagnol.

GRAND JE. — C'est une bataille où chacun doit se multiplier par ceux d'en face, avec pour le dire le langage solitaire des communiqués.

ELLE MASSMÉDIATE. — Sommes-nous dans l'écriture d'un poème, ou les dialogues d'un spectacle ?

L'AUTRE JE. — C'est notre ambiguïté quoi qu'il arrive.

ELLE MASSMÉDIATE. — Le réel nous abandonne.

L'AUTRE JE. — Pourquoi dénoncer le réel ? C'est aux illusions qui le rongent qu'il faut s'attaquer, surtout celles pour qui la réalité est le double insidieux des apparences.

NOUS IMAGE. — Ce que voit l'image n'est pas ce que voit le metteur en scène, pourtant c'est lui qui décide.

GRAND JE. — Les pronoms Elles pour la bataille au féminin !

Elle massmédiate et Y annonce de réel jouent la bataille au féminin, elles rejoignent les pronoms techniciens sur la machine à écrire. Nous scripte leur donne la réplique.

NOUS SCRIPTE. — Les religieuses d'un couvent de Madrid... en procession à la chapelle... agenouillées devant *La Vierge à l'Enfant.*

Y ANNONCE DE RÉEL. — Elles chantent un hymne *Gloria laus et tibi honor.*

ELLE MASSMÉDIATE. — L'hymne fini, la mère supérieure avec un marteau et un ciseau grimpe se mettre à la hauteur de la Vierge, et à coups redoublés, lui enlève l'Enfant.

NOUS SCRIPTE. — Durée de l'opération : quarante-cinq minutes, devant les religieuses agenouillées.

ELLE MASSMÉDIATE. — L'Enfant est mis dans une couverture, et la mère supérieure dit à la statue :

Y ANNONCE DE RÉEL. — « Si nous gagnons la guerre, on te le rendra et on te le recollera. Mais fais bien attention : seulement si nous gagnons. »

NOUS SCRIPTE. — De nouveau un hymne.

ELLE MASSMÉDIATE. — Les religieuses sortent derrière elle.

GRAND JE. — Les pronoms Ils pour la bataille au masculin.

Il folâtre et Lui mal écrit rejoignent les pronoms féminins sur la machine à écrire. Petit Je leur donne la réplique.

PETIT JE. — Une section d'ouvriers du syndicat de la métallurgie. En bleu, le calot noir et rouge. Ils montent sur un camion.

LUI MAL ÉCRIT. — Ils sortent de Madrid par la porte Sud en chantant *L'Internationale.*

IL FOLÂTRE. — Ils chantent le long de vingt kilomètres et s'arrêtent au grand carrefour au pied de la monumentale statue du Christ-Roi.

LUI MAL ÉCRIT. — Ils constituent un peloton.

IL FOLÂTRE. — Avec toutes les formalités prévues par la loi, ils ont fusillé le Christ-Roi.

GRAND JE. — Le front de la bataille passe par ce féminin, ce masculin, capables d'exécuter un dieu des nantis et de le séquestrer enfant à partir de leurs propres œuvres, leurs propres statues.

NOUS IMAGE. — Mais qu'y a-t-il sur la pellicule ? De la pierre mutilée, rien de plus.

TU NERF DE LA GUERRE. — C'est ça, notre poème.

Il brandit une feuille de papier. Sans quitter la machine, les pronoms techniciens, féminins et masculins, chantent.

POUR DE LA PIERRE MUTILÉE

La parole en langues de feu
nous a légué un syllabaire de cendres
et le syllabaire s'est défait
compte et décompte des années.
Le chant des jours est devenu
ferrailles de paroles
avec plus rien avant
plus rien après.
Même détournées les pierres
ne continuent aucune bataille.
Est-ce à cause des eaux mêlées
de communications contradictoires ?
La bataille ne quitte pas
le lit pierreux du réel.

Nous scripte installe le portrait-robot devant la machine à écrire. Les trois Je se présentent devant les trois écrans avec chacun un clap où sont inscrits les trois noms propres de la bataille : Buenaventura Durruti, Francisco Ascaso, Francisco Ferrer.

NOUS SCRIPTE. — Pour la première fois dans l'histoire du cinéma, les écrans ne recevront plus. Ils parleront comme a parlé Barcelone, ville de la mort verticale. Les pronoms personnels seront les habitants, la durée d'un spectacle.

GRAND JE. — Trois noms sous-titres de la bataille.

L'AUTRE JE. — Francisco Ferrer, fusillé pour avoir libéré les pronoms personnels ibériques de tous les sous-traitements de la grammaire.

> Derrière l'écran de l'Autre Je, projetés en ombres chinoises, Il folâtre, Nous flûteur, et Lui mal écrit.

LUI MAL ÉCRIT, IL FOLÂTRE ET NOUS FLÛTEUR. — Avec Ferrer, les pronoms qui peuplent l'attente de la mise à mort.

GRAND JE. — Buenaventura Durruti, mort devant Madrid, le même jour où, par-derrière les mots à visage d'homme, la libération des syntaxes s'effritait en poussière des grands chemins.

> Derrière l'écran de Grand Je, projetés en ombres chinoises, Nous image, Te introverti, et Tu nerf de la guerre.

NOUS IMAGE, TE INTROVERTI, TU NERF DE LA GUERRE. — Avec Durruti, les prisons qu'on invente en exil.

PETIT JE. — Francisco Ascaso, tué à Barcelone un après-midi où tous les vocables dans le mot révolution s'inventaient de nouvelles approches.

> Derrière l'écran de Petit Je, projetées en ombres chinoises, Nous scripte, Y annonce de réel, et Elle massmédiate.

NOUS SCRIPTE, Y ANNONCE DE RÉEL, ELLE MASSMÉDIATE. — Avec Ascaso, les pronoms personnels qui naissent dans les prisons.

GRAND JE. — Ferrer, Durruti, Ascaso, trois fois le pronom Je écrit sur les parois de la mort verticale. Trois pierres (ou trois écrans) d'une même ville, essentiellement du vide avec quelques tourbillons d'atomes. Plus le physicien avance, plus le réel devient insaisissable, il cesse d'exister. Et pourtant...

CHANT DES PRONOMS
QUI PEUPLENT L'ATTENTE DE LA MISE À MORT

Le réel est là.
Et il n'y a rien.
Mais il reste des noms... Sur la pierre

minée par le réel défavorable,
la légende déborde de tous les côtés.
Dans le visage de derrière les noms
la mort n'est pas entrée.
Elle
est restée au-dedans.
Flamme blanche.
Image après image,
nous traverserons
tous les visages du portrait-robot.

    CHANT DES PRONOMS QU'ON INVENTE EN EXIL

Mort,
prison,
exil,
la triangulation
s'était déjà refermée,
aux premières lueurs du siècle,
sur les porteurs des valises à ficelles,
des malles en fer,
des paquetages d'émigrés...

   CHANT DES PRONOMS EN ATTENTE DE LA MISE À MORT

... sur les fusillés du fort Montjuich.
Leur sort est devenu silence
dans toutes les publications de l'époque.

   CHANT DES PRONOMS QUI NAISSENT EN PRISON

Pour ceux de la prison des Refus
les mots parlaient à la terre
entière. Ils continuent à travers
les figures que nous aurions pu être.
Aujourd'hui sans eux, c'est sans nous...

    CHANT DES PRONOMS QU'ON INVENTE EN EXIL

Aujourd'hui sans eux, c'est sans nous.
Ceux qui ont enfreint toutes les haltes
et ceux qui se voulaient trajets entiers
voient les portes se refermer
tout au long des Pyrénées.
La bataille, tous croient
l'avoir gagnée.
Eux seuls l'ont perdue.

Les écrans pivotent sur eux-mêmes et laissent passer chacun des groupes. Les pronoms avancent, avec le sentiment que le poème fuit les écrans pour chercher asile dans la salle. Seuls resteront sur scène les pronoms techniciens (image et son), comme si par un renversement, l'histoire du film, récalcitrante, se retournait sur elle-même, et commençait par le tournage. Entre la machine à écrire et eux, le portrait-robot.

LES PRONOMS RÉUNIS. — Nous avançons dans la nuit des robots mais qui avance avec nous ? Chaque nuit est un engagement, chaque matin, un engagement même sans hommes. Et la triangulation des pronoms continue à se donner un destin d'étoile.

Ils sont arrivés au fond de la salle. Grand Je se retourne pour désigner le public.

GRAND JE. — Regardez ! Un drapeau aussi blanc que le Québec perdu. La bataille s'arrête là.

LES PRONOMS RÉUNIS. — Jamais un drapeau blanc n'abolira la bataille. Le Polonais et l'Allemand retournent au combat. Le groupe de langues qui ne se comprennent pas se reforme. Gueules cassées balkaniques, Juifs autrichiens amputés, Espagnol avec un croc à la place de la main, se retrouvent. Un immense corps mutilé est en marche. Les officiers qu'on s'invente recommencent à tomber, les chanteurs de fraternités à tenir coûte que coûte et ne reculer sous aucun prétexte de façon à préparer la contre-offensive. Hors les grammaires, que devenons-nous ? La bataille a quitté les cimes depuis longtemps.

Nous image et Nous flûteur s'adressent aux autres pronoms au fond de la salle.

NOUS IMAGE. — La bataille a déjà atteint la vallée… sur l'autre versant des choses. Il faut le retrouver dans son regard naissant, le mettre en état d'apesanteur.

NOUS SCRIPTE. — Pour les serviteurs du texte que nous sommes, c'est quoi ?

NOUS IMAGE. — Enlever tous les repères de la page à laquelle nous sommes promus.

NOUS FLÛTEUR. — Et la chanter vide de signes. *(Nous flûteur chante en s'accompagnant de son bâton. Nous image lui répond de la même façon.)* Le corbeau flûteur a sa façon de reproduire les paroles comme l'ingénieur du son.

NOUS IMAGE. — Un battement d'ailes bouleverse l'image.

NOUS FLÛTEUR. — Un chant ennoblit la bande sonore.

NOUS IMAGE. — Le chat-huant photographie l'absence des signes. Quelles que soient les frontières, le portrait-robot ne change pas.

III

Fin du chant. La question posée aux pronoms : Comment venir à bout de la continuelle séparation scène-salle, maintenant aggravée ?

GRAND JE. — Nous avons changé de pays.

Nous scripte aussitôt s'installe sur la ligne de séparation scène-salle pour dire :

NOUS SCRIPTE. — Presque une annonce : Nous allons abandonner le blanc crayeux des tranchées de Jarama pour la forêt de la Berbeyrolle, mère de toutes les forêts, dans les maquis de Corrèze. Le problème pour nous, c'est la façon de le dire.

GRAND JE. — Ce n'est pas du passage d'Espagne en France (l'éternelle traversée des Pyrénées) qu'il s'agit.

Les trois Je se retrouvent solidaires.

L'AUTRE JE. — De toute façon, les Brigades internationales appartiennent au même œil mental que les résistants des maquis. Ils sont les peintres d'une même terre.

PETIT JE. — Il s'agit du spectacle à partir duquel nous sommes écrits. Deux pays sont face à face et en même temps superposés.

L'AUTRE JE. — Partout.

PETIT JE. — Ici aussi.

GRAND JE. — Le pays du verbe avoir et le pays du verbe être.

VOUS ASSIS À LA RECHERCHE DE VOUS DEBOUT. — Un pronom de frontière (comme moi, où le situez-vous ?).

TU NERF DE LA GUERRE. — Vous êtes dans la salle, dans le pays du verbe avoir… Peut-être est-ce la véritable raison qui nous a conduits chez vous.

VOUS ASSIS À LA RECHERCHE DE VOUS DEBOUT. — Vous, je comprends... Mais les autres ?

TE INTROVERTI. — Les deux verbes, au cinéma, se fascinent jusqu'à se superposer. Il a toujours été difficile de distinguer dans quelle mesure l'un n'est pas l'autre.

GRAND JE. — C'est un Je explicatif qui vous parle. Le temps de vous dire qu'au pays de l'avoir, la loi régente, et coupe chez ses habitants tout ce qui dépasse.

VOUS ASSIS À LA RECHERCHE DE VOUS DEBOUT, *goguenard*. — Tandis qu'au pays du verbe être on recolle.

PETIT JE, *sévère*. — Sur les territoires du verbe être, c'est la résistance qui conjugue. L'habitant y est toujours d'une certaine façon le hors-la-loi. Il quadruple de taille même s'il cherche toujours à passer inaperçu. Celui qui quitte l'un pour aller dans l'autre ne passe plus par les mêmes portes, ne regarde plus à l'intérieur des mêmes frontières... Il ne gravit plus les mêmes escaliers... Le soleil, la pluie, les nuages n'ont pas les mêmes repères.

GRAND JE. — Comme ici en ce moment, rien ne change, et tout devient différent. Notre problème c'est de dire la résistance.

L'AUTRE JE. — La résistance c'est lorsque le verbe être annule le verbe avoir.

VOUS ASSIS À LA RECHERCHE DE VOUS DEBOUT. — Vous êtes les chevaux d'un puits d'eau perdue, tournant aveugles autour du verbe paraître, d'où la vérité sort toujours lourdement habillée.

GRAND JE. — Une aire de jeu (ici nous l'avons) est toujours une forme de résistance.

ELLE MASSMÉDIATE. — Le verbe, pour nous, c'est le clap.

IL FOLÂTRE. — Difficile d'être autre chose.

Ils se lancent le clap de l'un à l'autre comme s'il s'agissait d'un ballon ovale de rugby.

ELLE MASSMÉDIATE. — Annonce : Nous jouerons la Résistance telle que la rêvent les plumes du costume que nous nous fabriquons.

Les Elles laissent le clap aux Ils et vont habiller le portrait-robot avec l'habit de maquisard de la forêt de la Berbeyrolle (images et documents).

IL FOLÂTRE. — Annonce : Nous jouerons la flamme toujours la même de la torche qui ne cesse de changer en se consumant.

Les Ils laissent le clap aux Nous qui le poseront comme pour marquer un essai, aux pieds de Vous assis à la recherche de Vous debout.

NOUS SCRIPTE. — Annonce : Nous jouerons la Résistance pour que soient (pluriel du verbe être) les populations cinématographiques qui ne sont jamais, sauf devant l'image de leur absurdité.

Furieux, Vous assis à la recherche de Vous debout s'empare du clap.

VOUS ASSIS À LA RECHERCHE DE VOUS DEBOUT. — Annonce ! Le spectateur est sacré. C'était une vérité au-delà des Pyrénées. Elle le reste en deçà.

TE INTROVERTI. — Vous confondez avoir et être.

PETIT JE. — Ce n'est pas étonnant. Le spectateur ne représente pas l'intelligence, il représente l'argent.

TU NERF DE LA GUERRE. — Transformer l'argent en intelligence est en effet un exercice périlleux.

Vous assis à la recherche de Vous debout s'insurge.

VOUS ASSIS À LA RECHERCHE DE VOUS DEBOUT. — Un pronom qui tire derrière lui le fantôme d'un producteur, comme le chien de saint Roch tirait son maître, ne peut faire passer le spectateur pour un barbarisme, une impropriété, une incorrection. Le barbarisme, c'est lui. La politesse d'un pronom c'est la vraisemblance. Vous êtes en train de la perdre.

Pour détourner l'attention de Vous assis à la recherche de Vous debout, Elle massmédiate agite une feuille de papier vierge.

ELLE MASSMÉDIATE. — Voyage en tapis volant. Embarquement pour la bataille que les pronoms s'inventent.

> *Tu nerf de la guerre fonce dans le territoire du verbe être, arrache la feuille des mains d'Elle massmédiate, la déroule par terre, s'installe dessus, et chante.*

TU NERF DE LA GUERRE. — Un film sur la résistance ? Un seul modèle : le peintre chinois, lorsque après les obsèques il soumet ses albums à la famille du défunt. Toutes sortes de nez, d'yeux, de bouches, d'arrondis et d'ovales du visage y figurent. Sans se soucier du mort, mais d'après les indications que donne la famille, il essaye de reconstituer le visage puis de le peindre. Ce qu'il cherche, ce n'est pas comment signifier les traits du défunt que dans la plupart des cas il n'a jamais vu. Ce qu'il cherche c'est une identité dans laquelle la famille en deuil, celle qui paye, se retrouve.

GRAND JE. — Peut-être, mais peut-on échapper à la caméra posée devant la forêt de la Berbeyrolle. Suivez-moi, un panoramique très lent pour permettre la lecture de chaque arbre, la reliera à la forme qui les prolonge. Au moins douze nationalités sont passées par là : le siècle avec ses faux tampons, ses cartes périmées, ses ressorts, sauts de la révolution permanente en habits qui ne sont jamais les leurs. Le siècle, en espadrilles et en chaussures trouées.

> *Les deux Nous techniciens annoncent :*

NOUS IMAGE. — La ferme d'Élisée sur laquelle se racornit, se retient l'Europe en flammes de jadis.

NOUS FLÛTEUR. — En son milieu, la voix d'Élisée, portrait-robot de la Résistance, devenant celui de la bataille fantôme à laquelle sa ferme a toujours accordé asile.

LUI MAL ÉCRIT. — Qui jouera Élisée devant l'écran ?

Y ANNONCE DE RÉEL. — Et qui le sera derrière ?

ELLE MASSMÉDIATE. — À qui s'adresse-t-il ?

TU NERF DE LA GUERRE. — Comme le rappelait avec une certaine brutalité le spectateur grammatical (mais la brutalité n'installe-t-elle pas plus que tout autre élixir dans la vérité du moment ?), un film est condamné à rapporter, non à dire.

IL FOLÂTRE. — Mais c'est un poème que nous faisons (avec les quatre-vingt-trois sens que la grammaire accorde au verbe faire).

TU NERF DE LA GUERRE. — Oui, mais un poème sur un, et même plusieurs films. Donc le film reste le message.

VOUS ASSIS À LA RECHERCHE DE VOUS DEBOUT. — Le message d'un film s'inscrit en nombre d'entrées.

NOUS FLÛTEUR. — Plus encore... c'est le nombre d'entrées qui donne son langage au film, et non ce qu'il croit raconter... Nous vivons une époque fantastique... mais dans laquelle il faut garder la santé de ce cinéaste bavarois qui envoie en compétition à Berlin une heure cinquante de pellicule blanche. La suite, vous la connaissez.

ELLE MASSMÉDIATE. — Parce qu'il y a une suite?...

TU NERF DE LA GUERRE. — Bien sûr... Grand émoi dans la presse. « Quel est votre message? demandent les accrédités. — J'attends de lire vos articles demain, dans les journaux, pour le savoir... »

IL FOLÂTRE. — Nous n'allons pas, pour mieux dire le verbe être, présenter un écran vide?

GRAND JE. — Il y aura Élisée... Son choix c'est nous qui le ferons (avec les quatre-vingt-trois sens que la grammaire accorde au verbe faire).

PETIT JE. — Mais il y aura les cinq sens du mot talent. Ça ne va pas être facile.

NOUS SCRIPTE. — Nous avons suffisamment de situations anthropophagiques entre art et industrie (les deux cinématographiques) pour ne pas nous en inventer d'autres.

NOUS FLÛTEUR. — Le pourrons-nous?

NOUS IMAGE. — C'est vrai. Le pourrons-nous?

PETIT JE. — Étant donné les sujets dans lesquels nous sommes convoyés, grammaire et politique seraient (sinon plus pertinentes) du moins plus aptes à simuler une audition. *(Il s'approche des Ils et des Elles en attente, et leur tend le petit écran qui cadre uniquement le visage.)* Ici, c'est le verbe être. Vous connaissez?

Alors on va faire un essai. Vous ! *(Il s'adresse à Elle massmédiate.)* Futur simple petit-bourgeois.

ELLE MASSMÉDIATE. — Je serai, tu seras, elle sera, elles seront.

À Lui mal écrit.

PETIT JE. — Vous ! Conditionnel passé prolétaire.

ELLE SCRIPTE. — Toute une culture.

LUI MAL ÉCRIT. — J'aurais été, il aurait été, nous aurions, ils auraient été.

PETIT JE. — Imparfait fasciste.

Personne ne bouge.

TU NERF DE LA GUERRE. — Personne ?

PETIT JE. — Imparfait subjonctif discriminé.

Y ANNONCE DE RÉEL. — Que j'eusse été, que tu eusses été, qu'elle eût été. Voilà.

PETIT JE. — Présent de l'indicatif apolitique.

Elle massmédiate revient.

ELLE MASSMÉDIATE. — Elle est, nous sommes, vous êtes, ils sont.

PETIT JE. — Passé composé marxiste repenti.

IL FOLÂTRE. — Tu as été, nous avons été, vous avez été, ils ont été.

PETIT JE. — Plus-que-parfait féministe.

Y annonce de réel revient.

Y ANNONCE DE RÉEL. — J'avais été, elle (j'insiste) avait été, vous aviez été, elles (j'insiste encore) avaient été.

LUI MAL ÉCRIT. — Et les lendemains qui chantent ?

NOUS FLÛTEUR. — À qui s'adresse un ingénieur du son?

NOUS IMAGE. — Un son sans image est toujours sans issue.

TU NERF DE LA GUERRE. — Si personne n'est capable d'imaginer le personnage qui doit l'habiter, il ne nous reste plus que les voyances du film documentaire...

TE INTROVERTI. — Et la tristesse des interviews.

L'AUTRE JE. — Qui pourrait être le gendarme d'aujourd'hui interrogé par le scénariste retourné à la ferme du père Élisée qu'il avait connu résistant?

IL FOLÂTRE. — Moi.

TU NERF DE LA GUERRE. — Allez-y! Les interviews tristes, c'est ce qui se vend le mieux à la télévision.

GRAND JE. — Silence... On tourne.

> *Au lieu de faire le clap, Petit Je présente la feuille de papier blanc. Il apporte au poème la voix toujours ignorée du premier assistant. Petit Je chante.*

LE POÈME DU PREMIER ASSISTANT

Dans le bref moment
où le silence parle
à lui-même (silence! on tourne)
l'être collectif
se met à vibrer.
Chaque personne présente
devient un regard.
Chaque technique est une assemblée de regards.
Dans ce feu sans flammes
qu'est le tournage,
la lecture que chacun en fait
illumine.
Sur tout le paysage,
un soleil blanc
dit les silences d'Élisée,
de sa ferme.
La forêt de la Berbeyrolle est peuplée d'oiseaux.

Il folâtre, gendarme, apparaît en ombre chinoise derrière l'écran du côté cour. Derrière l'écran du côté jardin, tous les autres pronoms sauf l'Autre Je qui est devant. Les répliques s'échangent d'un écran à l'autre.

IL FOLÂTRE. — Vous faites un film sur la ferme ?

L'AUTRE JE. — Sur tout ce qu'elle était au temps de la Résistance.

IL FOLÂTRE. — J'étais gendarme à l'époque. La ferme, je la connaissais bien.

L'AUTRE JE. — Vous y étiez le jour où les prétoriens d'alors (les GMR) sont venus ?

IL FOLÂTRE. — La légalité de l'opération voulait que la gendarmerie locale y soit... Les GMR cherchaient les résistants dans la ferme.

L'AUTRE JE. — Et ils ne les ont pas trouvés ?

IL FOLÂTRE. — Justement... Ils se sont énervés... Un peu trop... Il faut se mettre dans l'esprit de l'époque.

L'AUTRE JE. — Dans l'esprit de l'époque... ils ont mis Élisée en sang ?

IL FOLÂTRE. — Le Trois-Ficelles, il a employé les grands moyens, mais c'était parce qu'il croyait deviner que le gosse c'était son point faible. Il a frappé Élisée, c'est vrai, mais c'était dans la routine des interrogatoires. Le gosse, il l'a pris par les chevilles et tenu au-dessus de la margelle de la citerne en criant : « Faut qu'on se comprenne : ou tu composes, ou je le fous dedans... » Élisée souriait comme s'il était seul dans la ferme (plus ça s'aggravait, plus il souriait ; il était fait comme un Chinois). L'enfant a crié : « Défends-moi, grand-père !... » Élisée a cessé de sourire. Il a craqué. L'enfant, lui, personne ne savait d'où il venait, et ce devait être la première fois qu'il appelait Élisée comme ça. Je l'ai vu, de *mes* yeux vu, marquer le coup. Il s'est mis à secouer la tête. Puis avançant vers le Trois-Ficelles, sans le regarder, il a tendu le bras vers la forêt où se trouvaient les résistants.

L'AUTRE JE. — Et à la Libération, vous étiez encore gendarme ?

IL FOLÂTRE. — Les événements avaient, comme qui dirait, changé leur fusil d'épaule, et j'ai accompagné le comité de libération qui est venu arrêter Élisée.

L'AUTRE JE. — L'arrêter, pourquoi ?

IL FOLÂTRE. — Il avait dénoncé.

L'AUTRE JE. — Mais le comité de libération, c'étaient presque tous ses amis, non ?

IL FOLÂTRE. — Lorsqu'ils l'ont interrogé, aucun d'entre eux, dans le fond, n'y croyait... Élisée seul a été la cause du drame. Il a dit que son innocence se trouvait dans le grenier à foin. D'une certaine façon, elle y était. À peine arrivé, il a réglé le problème avec le revolver qu'un de ses nombreux clandestins avait laissé.

L'Autre Je tombe à genoux.

L'AUTRE JE. — Qui a-t-il dénoncé ?

Agitation sur l'écran côté jardin derrière lequel sont réunis tous les pronoms.

PETIT JE. — La première personne du singulier ?

TU NERF DE LA GUERRE. — La deuxième ?...

TE INTROVERTI. — Du singulier, aussi ?

Y ANNONCE DE RÉEL. — La troisième du féminin ?

LES TROIS NOUS. — La première personne du pluriel ?

Vous assis se lève.

VOUS ASSIS À LA RECHERCHE DE VOUS DEBOUT. — La deuxième personne du pluriel encore ?

ELLE MASSMÉDIATE. — La troisième du pluriel ?

GRAND JE. — Les personnages du film ?

IL FOLÂTRE. — Ceux qui les interprètent ?

L'AUTRE JE. — Il a dénoncé qui ? Pas moi. Lorsque l'année d'après, je me suis évadé des camps de la Baltique, toutes les portes auxquelles j'ai frappé sont restées fermées, sauf une, celle de la ferme d'Élisée. La seule de la Baltique à l'Atlantique.

IL FOLÂTRE. — Filmez-la bien alors... Tout ça va être démoli. Le fils, vous l'avez vu, sur la moto, en venant ici. Il a obligé sa mère (la fille d'Élisée) à vendre la ferme. Une histoire qui gêne tous les anciens de la région.

L'AUTRE JE. — Que dire ?

IL FOLÂTRE. — C'est vrai, que dire ? C'étaient les vôtres.

L'Autre Je s'adresse aux pronoms de l'écran côté jardin.

L'AUTRE JE. — Dans la forêt de la Berbeyrolle, les personnages qui ce matin-là s'avançaient sous les coups de crosse des GMR, sans pantalons, sans chaussures, dans la neige jusqu'aux genoux, les mains en l'air, vous devez être à l'intérieur d'eux, et les interroger. Savoir les mots justes de cette aventure, par quel biais, ils pourraient être la bataille. Ici, la bataille n'est pas contre ces hommes à fusil qui les avaient jetés dans les convois de la déportation. Elle est contre le conformisme du dire, et la tentative d'annoncer, par d'autres voies, le passage à ce moment-là, de l'oiseau dans le ciel. Sur la forêt de la Berbeyrolle, le soleil ne s'était pas levé. L'exode avait commencé.

IL FOLÂTRE. — Le personnage du gendarme est toujours là. Et il interroge : « Qu'est-ce que vous foutiez dans le maquis ? »

L'AUTRE JE. — La réponse devrait être : « Et l'oiseau, lui, qu'est-ce qu'il y fait ? » Mais la réponse n'a pas été faite.

NOUS FLÛTEUR. — Avec un cri d'oiseau nous pouvons occuper tous les écrans... nous les approprier... les faire nôtres.

TE INTROVERTI. — C'est par là qu'il faudrait commencer notre bataille (l'inventer peut-être), autrement que par bribes de vécu.

Y ANNONCE DE RÉEL. — Pourquoi ne pas l'inventer en ce moment même ?

L'AUTRE JE. — A-t-elle lieu devant l'écran ?

IL FOLÂTRE. — A-t-elle lieu derrière ?

GRAND JE. — Elle a lieu devant et derrière.

> Ils crèvent les écrans côtés jardin et cour, les traversent et se présentent.

IL FOLÂTRE et LUI MAL ÉCRIT. — La troisième personne du pluriel.

> Il folâtre attend Lui mal écrit qui passe de l'écran côté jardin à l'écran côté cour. Il y entre.

LUI MAL ÉCRIT. — Nous vivons dans le siècle de la poule d'eau.

> Il folâtre le suit. Ils se retrouvent tous les deux sur la machine. Tous les autres pronoms, sauf les Nous, accomplissent le même trajet que Lui mal écrit, traversant un écran, puis un autre en se présentant chaque fois.

TE INTROVERTI. — La deuxième personne du singulier.

TU NERF DE LA GUERRE. — La deuxième personne du singulier encore.

ELLE MASSMÉDIATE et Y ANNONCE DE RÉEL. — Les troisièmes personnes féminines du pluriel.

> Pris entre les deux écrans, l'Autre Je se présente et part à la suite des deux pronoms féminins.

L'AUTRE JE. — La première personne du singulier.

> Grand Je hésite à se présenter, il est devancé par les trois Nous qui crèvent l'écran du centre, au-dessus de la machine.

LES TROIS NOUS. — La première personne du pluriel.

> Ils vont jusqu'au portrait-robot qu'ils habillent par-dessus les deux autres habits (images et documents) en déporté des camps de concentration.

NOUS SCRIPTE. — La possibilité du déporté de camp de concentration. C'est la dernière.

> *Dans la salle, Vous assis à la recherche de Vous debout se lève, et demande.*

VOUS ASSIS À LA RECHERCHE DE VOUS DEBOUT. — Et la deuxième personne du pluriel.

IV

> *Les cris de toutes les forêts du Grand Nord se déclenchent. Grand Je finit par répondre.*

GRAND JE. — Un film sur les camps de concentration ne peut être projeté que devant une salle vide.

VOUS ASSIS À LA RECHERCHE DE VOUS DEBOUT. — Ça voudrait dire quoi ?

PETIT JE. — Par quelque côté qu'on le reçoive, le film sera faux.

VOUS ASSIS À LA RECHERCHE DE VOUS DEBOUT. — Vous n'avez pas de réponse aux écrans de la mort verticale... Alors, vous voulez y enterrer qui ?

L'AUTRE JE. — Enterrer c'est dans la terre, pas dans le vent...

> *Il déroule une page blanche devant le portrait-robot. Entrechoquant leurs bâtons, les trois Je chantent.*

LE CHANT DU MORT IN-VENTÉ
Les morts de ce moment du siècle
on les inventait,
on les mettait dans le vent.
Celui
qu'on conduisait à la chambre à gaz
n'avait sur le trajet
d'autre interlocuteur que lui.
Adieu vent.
On va se retrouver après le crématoire.
Les morts de ce moment du siècle
on les inventait,
on les mettait dans le vent.

TU NERF DE LA GUERRE. — Inventer... La bataille du siècle inventant ses propres vocables. Et nous peut-être, enfin inventer nos propres spectateurs.

Les pronoms en attente scandent.

LES PRONOMS. — Inventer le spectateur. Inventer le spectateur. Inventer.

Vous assis à la recherche de Vous debout est amené dans l'aire de jeu par les trois Nous.

LUI MAL ÉCRIT. — Nous vivons le siècle de la poule d'eau, le seul oiseau mal écrit.

Avec sa tête rouge et jaune de poule, ses ailes noires et grises, Petit Je couronne et habille Vous assis à la recherche de Vous debout. L'une des deux énormes pattes, jaunâtre, cerclée de rouge, lui servira de sceptre.

PETIT JE. — Additionne sur toi tous les ressortissants de la grammaire ici présents. Moi je suis Je (petit).

Chaque ressortissant se présente au spectateur disponible, prêt à l'entraîner dans des phrases de poèmes à venir.

GRAND JE. — Et moi Je (grand).

LES TROIS NOUS. — Nous.

NOUS SCRIPTE. — (Scripte.)

NOUS IMAGE. — (Image.)

NOUS FLÛTEUR. — (Flûteur.)

IL FOLÂTRE. — Il (folâtre).

LUI MAL ÉCRIT. — Lui (mal écrit).

ELLE MASSMÉDIATE. — Elle (massmédiate).

Y ANNONCE DE RÉEL. — Y (annonce de réel).

TE ET TU. — Tu.

TU NERF DE LA GUERRE. — (Nerf de la guerre), pour vous servir.

TE INTROVERTI. — (Introverti.)

VOUS ASSIS À LA RECHERCHE DE VOUS DEBOUT. — Et moi, je suis Vous. (Vous assis à la recherche de Vous debout.)

L'Autre Je, de s'ajouter, lui aussi.

L'AUTRE JE. — Je (l'autre).

Vous assis à la recherche de Vous debout lui assène un grand coup de sceptre sur la tête.

VOUS ASSIS À LA RECHERCHE DE VOUS DEBOUT. — Ça t'apprendra à écrire des scénarios qui ne se terminent pas. *(L'Autre Je s'écroule. Grand Je et Nous scripte le portent sur la machine.)* Les morts d'un scénariste dans un film sont innombrables, n'est-ce pas ?

NOUS IMAGE. — D'autres l'attendent encore.

TE INTROVERTI. — L'écriture c'est le continuel compromis passé avec elles.

PETIT JE. — Et maintenant, nous sommes un seul corps. J'allais dire non pas grammatical, mais arithmétique (presque). Additionné. *(Vous assis à la recherche de Vous debout additionne les pronoms.)* Mais au bout de l'addition. Regarde. *(Il désigne le public que Vous assis à la recherche de Vous debout vient de quitter.)* Tu es seul. Ils ne peuvent rien pour toi. Ils devraient être le résultat d'une addition. Et il n'y a rien sous le trait. Tu es seul, comme on était seul dans le camp, à l'heure de la sélection.

VOUS ASSIS À LA RECHERCHE DE VOUS DEBOUT. — Vous pensez que le camp c'est eux ?

PETIT JE. — Non !

L'AUTRE JE. — Les contraintes du camp ont changé.

GRAND JE. — C'est une dramaturgie qui s'est jouée avec d'autres intelligences que la tienne, sur d'autres trajets que les tiens. De toute façon, tu ne poseras aucune question. Trop de défaites y sont mêlées pour toujours les comprendre, trop de chemins de croix dits, et redits.

NOUS IMAGE. — Ils n'en sont pas moins les repères de la bataille.

NOUS FLÛTEUR. — Mais de l'un à l'autre resté en souffrance, nous y trouverons le supplicié des temps anciens, torturé à mort, qui s'obstine à demander : « Pourquoi Dieu, t'acharnes-tu sur les roseaux brisés ? »

GRAND JE. — Et Dieu ce sera encore le vent.

NOUS IMAGE. — Faire un film sur la souffrance, c'est photographier des roseaux à l'infini.

NOUS SCRIPTE. — Mais, cet infini sera-t-il suffisant à couvrir l'indifférence de l'univers. L'invention du spectateur est commencée, le moment est venu de la mettre en scène.

> Les pronoms se postent devant les écrans éventrés : côté jardin, les Ils ; au centre, les Elles ; côté cour, les Je. De part et d'autre du petit écran (pas encore crevé), les Tu. Les Nous accompagneront Vous à travers les structures des écrans éventrés, équipe à la recherche d'images et de sons fantômes.

GRAND JE. — Les personnages sont pris dans l'encerclement (désormais chaque matin) de la forêt de la Berbeyrolle. Nous n'arrêtons pas depuis l'annonce de la bataille écrite, de nous les repasser de l'un à l'autre. Peut-être suffirait-il, maintenant, d'un seul pronom pour tout dire.

VOUS ASSIS À LA RECHERCHE DE VOUS DEBOUT. — (Ce pourrait être Vous le spectateur ?)

NOUS FLÛTEUR. — La réponse qu'il ne peut pas faire aux policiers dans la forêt de la Berbeyrolle, un oiseau est allé la chercher tout près d'un crématoire (et sa cheminée de petite entreprise), quelques mètres autour de sa façon d'interroger le ciel. Il n'en est pas revenu.

NOUS IMAGE. — Nous l'avons vu. C'est vrai...

NOUS SCRIPTE. — Et c'est consigné dans le rapport script.

TU NERF DE LA GUERRE. — J'ai fait le tournage du camp commémoratif avec eux. À dix secondes de la chambre à gaz, à quinze de l'exécution par la toise, il y avait les cellules de la dernière prison... Dans ce lieu fait de tant de réalités mortes en croix, une mésange est entrée. Quarante ans après la fermeture des camps, elle est allée grossir le nombre de ceux qui n'en sont jamais sortis.

TE INTROVERTI. — Une mésange s'est abattue contre les vasistas de la dernière prison, et lorsque ses ailes ne l'ont plus tenue, elle est tombée sur le ciment comme un détenu à triangle, et avec elle tous ceux qui sont partis dans une fiction vacante désapprise de tous.

Le spectateur regarde les quatre écrans et demande :

VOUS ASSIS À LA RECHERCHE DE VOUS DEBOUT. — C'est un trajet à travers l'oiseau collectif que nous devons faire ?

GRAND JE. — Vous le voyez... Chaque écran éventré ne peut être qu'un lieu de rencontre avec un pronom personnel tel qu'il s'est arrêté, un jour, dans l'histoire des camps.

PETIT JE. — Spectateur, compagnon !... Tu avanceras à l'endroit où pourraient se trouver les tiens. Ton groupe, tu le reconnaîtras d'après les convois d'origine... Les matricules se suivent...

NOUS IMAGE. — Un chez-soi dans cette indifférence océanique toujours tirée au carré.

PETIT JE. — Tu te vois pénétrant comme autrefois sur la place des appels.

GRAND JE. — Fais bien attention... Les raisons de ta présence ne sont plus les mêmes. Le groupe que tu dois retrouver diminue chaque matin. Les souvenirs qu'on croyait ineffaçables ont quitté leur place ; les matricules et les noms ont suivi le même chemin que les traces du meurtre, dans l'eau du fleuve (c'était le Danube) qui les transportait un peu plus loin à travers l'Europe. Et te voilà dans l'impossibilité de te nommer, de donner un matricule faisant partie de cet endroit. Pourtant tu continueras, tu te déplaceras sur des trajets russes, danois, yougoslaves, espagnols, juifs, français : la bataille fantôme toujours renouvelée... Petit Je, prêt ?

PETIT JE. — Le tournage du spectateur qui se réinvente. Prêts ?

LES TROIS NOUS. — Prêts.

Accompagné par l'équipe, Vous assis à la recherche de Vous debout prend place dans l'écran crevé, côté cour.

GRAND JE. — Le spectateur peut-il devenir le metteur en scène que le pronom Je lui propose ?

Vous assis à la recherche de Vous debout chante.

CHANT DE LA SOUFFRANCE À LA PREMIÈRE PERSONNE

Les rafales aplatissent les roseaux.
Elles déchirent la peau.
Je tombe,
je me relève,
j'avance contre le vent.
Un biplan à hélices
mis en marche derrière nous
rend notre avance inexorable.
Qui n'avance pas est décapité,
cisaillé par les hélices.
J'avance.
Tous avancent.
Nous sommes des milliers sur la route du vent.

Fin du chant.

VOUS ASSIS À LA RECHERCHE DE VOUS DEBOUT. — À quoi ça sert de se comprendre ?

GRAND JE. — Tant que le dialogue existe, chaque écran est une demande dont la réponse permet d'aller plus loin. Peu importe où. L'important, c'est l'écran franchi.

Vous assis à la recherche de Vous debout se dirige vers la machine à écrire où se trouvent Tu et Te et le petit écran.

PETIT JE. — Paroles de la souffrance à la deuxième personne du singulier.

TE INTROVERTI. — Tu te souviens des bagarres entre ceux qui proposaient des menus imaginaires, et ceux qui défendaient des repas qui avaient réellement eu lieu... Tous mouraient de faim.

VOUS ASSIS À LA RECHERCHE DE VOUS DEBOUT. — À chacun sa vérité.

TU NERF DE LA GUERRE. — C'était écrit à l'entrée des camps.

TE INTROVERTI. — Au bout il y avait toujours la haine de l'autre. Depuis longtemps le portrait-robot a dépassé (peut-être défait) le monde animal, même lorsqu'il lui proposait des ailes.

TU NERF DE LA GUERRE. — Tu es végétal. Mû par la chaleur, le soleil, le froid et l'humidité.

VOUS ASSIS À LA RECHERCHE DE VOUS DEBOUT. — Que disent les végétaux lorsqu'ils parlent ?

NOUS SCRIPTE. — Nous l'avons su ; peut-on dire que nous l'avons oublié ?

VOUS ASSIS À LA RECHERCHE DE VOUS DEBOUT. — Où peut aller un pronom personnel dont la mémoire est toujours celle des autres, et qui est en train de la perdre ?

Il va dans l'écran du centre où se trouvent les Elles.

PETIT JE. — Chant de la souffrance à la troisième personne féminine.

VOUS ASSIS À LA RECHERCHE DE VOUS DEBOUT. — Difficulté d'être pronom personnel sur la rive obscure de la bataille devant la diaspora des choses et des paroles, sans doute pour longtemps dévastée. Détresse.

ELLE MASSMÉDIATE. — Le moment est venu.

Y ANNONCE DE RÉEL. — Elle doit partir à la chambre à gaz.

ELLE MASSMÉDIATE. — Elle le sait depuis hier soir.

Y ANNONCE DE RÉEL. — Elle a même échangé son seul tricot contre du pain.

ELLE MASSMÉDIATE. — Maintenant son matricule est appelé, confirmé, mais elle refuse de sortir de la baraque.

Y ANNONCE DE RÉEL. — Elle parle l'espagnol (parfois difficile) des Juifs de Bulgarie.

CHANT DE LA SOUFFRANCE
À LA TROISIÈME PERSONNE FÉMININE

Elle a des voisines qui disent en allemand
de se dépêcher,
qu'elle va attirer la poisse.
Elle répond :
Mes parents faisaient l'amour en allemand.
Elle n'en veut pas pour mourir.
Elle s'accroche à son espagnol.
Elle s'accroche aussi à la barre de son châlit.
L'affrontement avec les Polonais est inévitable.
Ils sont remplis chaque jour de patates au saindoux
que facilite le brassard de kapo.
Tout est joué d'avance.
Les mots polonais vont frapper
et les mots espagnols s'accrocher
au châlit des deux mains.
Les mots allemands pépient
puis crient ;
ce sont les petites amies du kapo.
La plus jeune (treize ans, de quels mots
sont-ils faits !...)
donne au kapo un pilon.
Le kapo frappe sur les mains
de celle qui doit partir.
Les langues trouvent un terrain d'entente :
hurlement !
Le pilon frappe.
Les mots espagnols s'embrouillent.
Ils lâchent,
mais pas la bouillie sanglante
qui au bout des bras de la jeune femme
s'accroche encore à la barre du châlit.
Le temps d'une malédiction bulgare.
Tout se défait...
Deux moignons qu'elle tend,
deux moignons
comme deux grands saluts fous
au-dessus de la tête des autres
pendant le transport à la chambre à gaz.

GRAND JE. — L'arbre à l'autre bout du camp !

PETIT JE. — La réplique végétale au portrait-robot... au triangle réécrit sur son trône.

NOUS FLÛTEUR. — L'autre bout du camp, c'est encore un écran où l'ombre blanche du portrait-robot ne peut plus se prolonger. Un marronnier veille.

NOUS IMAGE. — Le marronnier. Une partie arrachée par la foudre, l'autre continuant à pousser (ça lui donne un côté mal assuré).

NOUS SCRIPTE. — Mais c'est ainsi qu'il va entrer dans le chant de la souffrance au masculin de la troisième personne.

Vous assis à la recherche de Vous debout prend position dans l'écran.

IL FOLÂTRE. — Le marronnier a survécu en bordure du camp, non qu'il soit libre : il est entre les deux rangées de barbelés qui séparent les Juifs de la quarantaine du reste du camp. Lorsque le vent souffle, le marronnier, comme tous les marronniers, parle, mais pas de la même façon, il ne parle qu'à certains.

LUI MAL ÉCRIT. — Du côté de la quarantaine, un Juif âgé lui marmonne des mots très longs, avec des silences tout aussi longs qui deviennent la réponse.

IL FOLÂTRE. — De l'autre côté, un Yougoslave des montagnes au-dessus de Maribor.

LUI MAL ÉCRIT. — Aucun des deux ne sait ce que dit l'autre. D'ailleurs leurs rendez-vous avec l'arbre en bordure du camp n'ont pas les mêmes heures.

Vous assis à la recherche de Vous debout chante.

CHANT DE SOUFFRANCE
AU MASCULIN DE LA TROISIÈME PERSONNE

En slovène,
En yiddish, c'est une chronique des moments perdus.
Le marronnier comprend.
Le Juif lui a confié des messages
(à qui d'autre les confierait-il?).
Un testament peut-être.

Même lorsqu'elles rougeoient au milieu de l'été,
les feuilles de marronnier reverdissent chaque année.
Le Yougoslave leur parle le slovène de sa vallée.
Ils sont de la même espèce.
Si le marronnier se dessèche,
il se desséchera lui aussi.
Dans les saisons qui passent,
ils ont lié leurs sorts.

> *Vous assis à la recherche de Vous debout sort de l'écran côté jardin, mais n'ose entrer une nouvelle fois dans l'écran côté cour. Il s'arrête. Autour de lui, les trois Nous.*

NOUS IMAGE. — Nous sommes arrivés, en pleine nuit, Nous devant la grande porte, pour tourner.

NOUS FLÛTEUR. — Nous sommes arrivés en pleine nuit devant la grande porte du camp, disaient ceux des convois de décembre. La grande porte n'avait un sens que lorsqu'elle ouvrait sur une cour des miracles, avec au milieu, une grande flamme rouge qui montait vers le ciel.

VOUS ASSIS À LA RECHERCHE DE VOUS DEBOUT. — Qui de nous, et de ceux des convois de décembre, est le double de l'autre ?

> *En réponse, Nous scripte brandit une feuille de papier blanc. L'équipe technique se présente devant le poème.*

POÈME DE LA TECHNIQUE QUI N'EST PLUS UNE RÉPONSE

Le bûcher mystique sera-t-il la réponse ?
Faut-il la chercher dans les légendes
clamant
une vérité neuve
des fenêtres de leur palais ?
Les invincibles trophées d'une mort linéaire ?
Leurs corps contre toutes les évidences graves
au fronton des temps ?
Tout rejeter des tables du nom :
le soldat inconnu,
l'astre anonyme,
l'insecte grand univers ?
Mort des noms.

GRAND JE. — Que peut partager un spectateur avec le comédien que le pronom Elle (ou Il) lui propose?

PETIT JE. — Retour de la troisième personne singulière et plurielle.

VOUS ASSIS À LA RECHERCHE DE VOUS DEBOUT. — Dans quel écran? *(Tous lui désignent l'écran côté cour. Mais il hésite encore.)* Elle plurielle, c'est qui?

PETIT JE. — Les femmes arrivées avec le convoi de décembre.

VOUS ASSIS À LA RECHERCHE DE VOUS DEBOUT. — Elle singulière?

PETIT JE. — Une cigale, elle dansait.

VOUS ASSIS À LA RECHERCHE DE VOUS DEBOUT. — Épargnez-la-moi... Où est le scénariste qui l'a inventée?

L'AUTRE JE. — Le scénariste vous dira qu'il y a eu une danseuse dans les convois de décembre. Courtisée dans un bouquet de langues d'Europe : à Budapest, à Vienne, à Zagreb, à Prague, à Trieste. Maintenant, la danseuse est à terre, dans la baraque des dysentériques, et elle geint parmi les étrons.

Vous assis à la recherche de Vous debout va prendre place dans l'écran côté jardin.

PETIT JE. — À cause de la dysenterie, il y a des bagarres... sauvages.

VOUS ASSIS À LA RECHERCHE DE VOUS DEBOUT. — Pour sauver quoi?

ELLE MASSMÉDIATE. — Une place au chaud peut-être?

IL FOLÂTRE. — Dans la baraque, il fait moins dix-huit.

Y ANNONCE DE RÉEL. — Sur les châlits, les malades cherchent la chaleur contre le dos de l'autre malade (ce qui permet de doubler l'unique couverture).

TE INTROVERTI. — Mais la danseuse s'oubliait sur les autres. Ceux d'en dessous et ceux d'à côté qui, eux, ne s'oubliaient que dans l'allée entre les châlits, l'ont traînée dans les latrines, pieds et bras liés pour qu'elle ne puisse plus revenir. Il y a dysenterie. Et la femme courtisée (aimée aussi en plusieurs langues dont nous ne connaissons pas les pronoms personnels) hurle.

ELLE MASSMÉDIATE. — Depuis quatre jours et trois nuits (toutes les heures, elle hurle...). La quatrième nuit...

L'AUTRE JE. — La quatrième nuit, les latrines ont débordé dans le réduit. Elles ont débordé sur elle. Elles ont débordé dans la baraque. Elles ont débordé sur le camp. Elles ont débordé sur Dieu.

> *Vous assis à la recherche de Vous debout finalement intervient.*

CHANT DE LA CIGALE QUI N'A PAS CHANTÉ

Quatrième nuit,
la danseuse n'a plus hurlé.
Les liens sont devenus gluants,
ils ne serraient plus.
La danseuse s'est levée,
elle a marché jusqu'à la sortie.
La dysenterie traçait le chemin.
Dehors c'était la glace,
la féerie enfin
comme sur une scène
mais
avec des rideaux qui se fermaient
pour ne plus s'ouvrir.

> *Tu nerf de la guerre et Nous scripte apportent à l'avant-scène le petit écran derrière lequel Vous assis à la recherche de Vous debout viendra prendre place.*

TU NERF DE LA GUERRE. — Chant de mort des pronoms personnels réunis sur la place des appels pour assister à un spectacle.

VOUS ASSIS À LA RECHERCHE DE VOUS DEBOUT. — Nous voici à l'intérieur d'un spectacle à l'intérieur d'un autre spectacle qui à son tour est à l'intérieur d'un spectacle encore... Faire appel aux faisceaux de fusils en attente ne dit pas l'angoisse de l'exécution. Ici, l'angoisse a perdu son fusil. Elle s'affaisse. D'une vérité à l'autre, les mots ne parviennent plus à s'accomplir selon leur vérité d'alors.

GRAND JE. — Rencontre de boxe sur la place des appels. Nous voici tous troisième personne du pluriel.

Tous commencent à boxer dans le vide. Vous assis à la recherche de Vous debout est cadré par le petit écran.

VOUS ASSIS À LA RECHERCHE DE VOUS DEBOUT. — Pour une ration de pain (et soupe à volonté), les détenus s'assomment sur un ring selon les règles du sport. Un des deux battants, touché, plie le genou. Le cri monte : « Achève-le ! Tue-le ! » En quinze langues différentes. Plus que pour chanter *L'Internationale*.

D'un coup de poing il troue l'écran, son bras passe au travers. Tous les pronoms se réunissent derrière lui, rigoureusement alignés. Ils continuent le poème.

POÈME DE L'ALIGNEMENT PARFAIT

En rang par cinq,
deux fois par jour.
Chacun
avec sa pierre tombale sur le dos
pour construire les demeures de son au-delà
au sommet de la montagne.
Géométrie de la mort ascensionnelle
au pas de gymnastique.
Escaliers, langues pour mourir
des milliers de fois
dans tous les parlers d'Europe.
Ziggurat,
où le siècle a succombé
et avec lui, le spectateur.

GRAND JE. — La bataille qui se voulait unique réponse à toutes nos demandes va se perdre dans l'image du général Franco agonisant avec ses tubes, ses canules, ses sérums, ses transfusions, ses injections pour se maintenir artificiellement en vie.

L'AUTRE JE. — Mort clinique du siècle.

VOUS ASSIS À LA RECHERCHE DE VOUS DEBOUT. — Nous feignons d'y être le chat de Mallarmé.

V

Objet, puis sujet, le scénario est maintenant attente. Ils sont tous allongés sur les feuilles de papier brouillon qui ont servi au poème sauf Vous assis à la recherche de Vous debout. Il est au milieu d'eux, posé sur son siège de spectateur, seul éclairé. La lumière autour de lui monte plus lentement. L'espace sonore est entièrement soumis aux cris, et aux appels de la forêt en hiver. À un moment donné, Tu nerf de la guerre se met sur son séant.

TU NERF DE LA GUERRE. — On essaye ?

TE INTROVERTI. — Quoi ?

TU NERF DE LA GUERRE. — On essaye.

ELLE MASSMÉDIATE. — C'est tout ?

GRAND JE. — C'est un début.

TE INTROVERTI. — On ne fait que des débuts. Moi, pronom introverti, qu'est-ce que je suis d'autre ? Secrétaire de production, qu'est-ce que je fais d'autre ? On est enterrés sous les débuts.

L'AUTRE JE. — De quoi d'autre est fait notre cinéma aujourd'hui ? Débuts de phrases, débuts de mots, débuts d'idées. Les gazetiers se gonflent, admiratifs. Ils se disent : Sans début, il n'y a pas de suite.

NOUS FLÛTEUR. — J'ai figuré, autrefois, sur le registre d'une prison fermée. Chaque matin je me disais : Le vent se lève, il faut tenter de vivre. Maintenant que, de scénario en poème, je me promène dans les couloirs de prisons ouvertes, la phrase n'a pas changé. Et pourtant...

Y ANNONCE DE RÉEL. — Tenter de vivre, pour un pronom, c'est quoi ?

TE INTROVERTI. — Essayer...

TU NERF DE LA GUERRE. — Et le dire jusqu'à ce que le mot vie crée la vie (en ce qui nous concerne).

LUI MAL ÉCRIT. — Les mots tardent à venir. Pour l'instant nous n'avons que nos gestes.

GRAND JE. — Essayons. C'est le début de l'écriture.

TE INTROVERTI. — Encore un début... mais sans moi cette fois.

Tous (sauf Te introverti, et Vous sur son siège) répètent les gestes indicatifs des pronoms. À un moment, Grand Je s'arrête.

GRAND JE. — Et si tout ce que nous venons de faire n'était que les mauvais rêves du film *Sur l'usine, le drapeau rouge on le voit mieux*?

VOUS ASSIS À LA RECHERCHE DE VOUS DEBOUT. — Que vous n'arrivez pas à porter à l'écriture.

L'AUTRE JE. — Attention! nous ne sommes pas des personnages de rêves. Nous sommes des glissements de sens.

GRAND JE. — Pourtant devant cette machine à écrire, je me sens (même si le mot est exagéré pour un pronom) le cauchemar du scénario resté inachevé.

IL FOLÂTRE. — Nous avons déjà le titre. Même qu'il dévore son existence dans la corbeille à papier, en ce moment.

NOUS SCRIPTE. — Et chaque matin son scribe (l'Autre Je – est-il bien sûr de le dévorer lui-même?) réunit les mots d'une séquence et va les déposer au bureau du chômage. C'est sa façon d'entrer dans les problèmes contemporains.

L'AUTRE JE. — Nous vivons une grande coupure d'électricité.

TE INTROVERTI. — Merci. Ça permettra à Te introverti qui hésitait jusqu'ici de tirer sa révérence, et de vous saluer.

LUI MAL ÉCRIT. — Vous partez?

TE INTROVERTI. — À l'université Laval de Québec... Il y a un chargé de cours qui écrit des livres sur l'exploration et l'analyse de l'environnement... Deux approches : le *monitoring* (analyse systématique des quantifications) et le *scanning* (évolution qualitative des *seed-events* – graines de futurs), avec plus de cent fautes d'orthographe par approche. Ça a bouleversé Gamma dont le grand projet est Delta, qui a transformé ETA (mouvement terroriste) en ETA (Environmental Tracking Analysis).

LUI MAL ÉCRIT. — C'est pour ça qu'il passe à la télévision ?

TE INTROVERTI. — Les journaux parlés l'ont tous interrogé.

ELLE MASSMÉDIATE. — C'est un héros fédéral, alors ?

LUI MAL ÉCRIT. — En tant que pronom, vous ne vous sentez pas héros fédéral, vous aussi ?

NOUS SCRIPTE. — On l'a interrogé pour dire quoi ?

TE INTROVERTI. — Devinez...

L'AUTRE JE. — Qu'il apprendrait le français ?

Y ANNONCE DE RÉEL. — Qu'il n'écrirait plus de livre ?

TE INTROVERTI. — Il dit que pour le prochain livre, il se fera corriger.

ELLE MASSMÉDIATE. — Et il compte sur plusieurs corrections ?

TE INTROVERTI. — Forcément... Il va y avoir pour nous la place subtile que l'art pauvre réserve à l'insignifiance.

TU NERF DE LA GUERRE. — Et l'Université dans tout ça ?

TE INTROVERTI. — Elle a tout approuvé en soulignant que la grandeur de l'Université démocratique, c'est d'être comme tout le monde, donc sujette à l'erreur.

Lui mal écrit est victime d'une interjection de western.

LUI MAL ÉCRIT. — Pan ! Pan ! Pan ! Que fait Lui mal écrit ? Il manifeste sa joie. Pan ! Hands up ! Pan ! Pan ! Repan ! Sweep ! On m'a toujours dit que Lui mal écrit finirait à la candidathèque des pronoms dérangés. Et voilà qu'à force de croire qu'il vit le siècle de la poule d'eau, dont chaque partie du corps est une faute d'orthographe, Lui mal écrit va se retrouver faute d'orthographe. Mieux que chez les anticorps monoclones, une faute d'orthographe non plus à égalité avec les cancres, mais avec les plus grands esprits du pays (qui sait? Des prix Nobel, peut-être?). Où est la place d'un pronom mal écrit?

LES PRONOMS. — À l'Université !

> *Renouveau d'interjections. Lui mal écrit se sert de son bâton comme d'un cheval de rodéo, il fait le tour de l'aire de jeu avant de rejoindre Te introverti.*

TE INTROVERTI. — Est-ce qu'avant de partir, on pourrait laisser notre trace sur le poème. Écrire quelques mots...

GRAND JE. — Il ne nous reste plus que la bataille du langage. Si nous la perdons, le film, enfant du siècle, n'aura jamais existé ; et nous serons les partenaires appauvris de son inexistence.

TE INTROVERTI. — Alors, au revoir.

GRAND JE. — Dans le dictionnaire de l'an deux mille (qui sait?).

TE INTROVERTI. — Sans doute avec le même portrait-robot à habiller.

Y ANNONCE DE RÉEL. — Peut-être que les lendemains chanteront de nouveau.

> *Les deux pronoms préuniversitaires s'en vont en criant à tue-tête.*

TE INTROVERTI. — La grammaire au pouvoir !

LUI MAL ÉCRIT. — Avec la poule d'eau, comme Premier ministre !

> *Ils partent au milieu d'une ovation rythmée avec les bâtons.*

VOUS ASSIS À LA RECHERCHE DE VOUS DEBOUT. — Puis-je parler ?

PETIT JE. — Pas en tant que spectateur (il est mort dans un camp de concentration).

VOUS ASSIS À LA RECHERCHE DE VOUS DEBOUT. — Alors, puis-je parler en tant que spectateur défunt ?

ELLE MASSMÉDIATE. — Avec pour le décider l'avis du syndicat des acteurs.

VOUS ASSIS À LA RECHERCHE DE VOUS DEBOUT. — Celui des spectateurs disparus me paraît tout aussi nécessaire... Admettez, leur avis obtenu, que tous les camps fonctionnent encore.

GRAND JE. — Ce n'est pas difficile. (En sommes-nous jamais sortis ?)

VOUS ASSIS À LA RECHERCHE DE VOUS DEBOUT. — C'est nécessaire pour ma parabole (une parabole de spectateur).

NOUS SCRIPTE. — Vous n'allez pas vous mettre à prêcher.

TU NERF DE LA GUERRE. — C'est un sondage, voyons ! Les sondages font les films plus que n'importe quelle mise en scène. Allez-y. Scripte, notez tout.

VOUS ASSIS À LA RECHERCHE DE VOUS DEBOUT. — Un sondage ?... C'est après le débarquement canadien à Dieppe. L'armée allemande se bat encore, mais c'est la déroute. Hécatombes d'hommes. De matériel. Perte de la suprématie aérienne. Paralysie dans la distribution d'armes et de matériel. Les liaisons deviennent un pur hasard. Les premières mesures de la défaite... Mais une guerre qui se perd sur le terrain doit être gagnée au cinéma. Ce sera une coproduction Ad Hitler et Jo Goebbels. En plein désastre, entre Berlin et le front de l'Est, seront envoyés six mille chevaux, et deux cent mille hommes en tenue d'époque, battre Napoléon (par l'incendie) à la bataille de Kolberg.

NOUS SCRIPTE. — Vous voulez parler du *Kolberg* d'Arlan avec scripte collective (elles étaient douze !), 35 mm, noir et blanc.

NOUS IMAGE. — En couleurs. C'est même un des premiers essais. Son emploi ayant été précipité pour qu'on puisse mieux apprécier sur l'image, les incendies.

NOUS FLÛTEUR. — À quoi tient le progrès...

VOUS ASSIS À LA RECHERCHE DE VOUS DEBOUT. — Il n'y a plus un kilogramme de sel dans les épiceries mais des wagons de sel sont expédiés pour donner l'impression de la neige qui commence à fondre. Berlin est écrasé sous les bombes, mais à la sortie de Berlin, des quartiers entiers sont reconstitués toujours en style d'époque, et bombardés par les canons de Napoléon. Six caméras en fonctionnement : trois à terre (de face et latérales), une sur un bateau, l'autre dans la nacelle d'un ballon captif, la dernière sur un *scenic railway* géant, posé sur des chars d'assaut qui le rendent mobile (le travelling du siècle). Les équipes tournent l'incendie de la ville ainsi réinventé. Trente groupes de pyrotechniciens pour toutes sortes d'explosions, et par-dessus tout, l'inondation obtenue en faisant dévier une rivière dans vingt petits canaux construits par deux mille travailleurs (qu'il faut aller arracher par moments aux camps de concentration voisins), tandis que des charges dissimulées sous l'eau se déclenchent en cascade par télécommande électrique. Le film fini, il n'y a plus en Allemagne un seul cinéma debout pour le projeter. Rien que des ruines. *Kolberg* (c'est le nom du film) sortira quand même, envoyé par sous-marin dans la forteresse atlantique de La Rochelle qui résiste toujours. Où est le cinéma ? Chez Ad Hitler et Jo Goebbels ? Ou bien dans la cellule du camp où, quarante ans après sa fermeture, est allé mourir un oiseau ? Nous, les porteurs de la réalité au cinéma, à travers les mots du poème, nous qui en sommes les états d'âme pronominaux, derrière qui nous ranger ? Ad Hitler et Jo Goebbels ou bien l'oiseau anachronique ?

ELLE MASSMÉDIATE. — Derrière Ad et Jo (si nous restons dans le cinéma).

GRAND JE. — À la longue, seuls les spécialistes, et les anciens combattants les connaissent.

ELLE MASSMÉDIATE. — Ils font partie de l'histoire du cinéma. Peut-on en dire autant de l'oiseau ?

GRAND JE. — Réalité ou mort de la réalité, où allons-nous ?

VOUS ASSIS À LA RECHERCHE DE VOUS DEBOUT. — J'ai fait l'expérience d'un texte, où sous une casquette d'officier d'aviation, je déplorais le nombre d'hommes et d'appareils perdus par un lieutenant. Celui-ci, chargé d'examiner le film de nos bombardements, n'avait pas bien distingué les dégâts occasionnés et avait exigé notre retour sur l'objectif. Résultat : trente-cinq morts et trois appareils perdus sur lesquels portaient mes doléances. Dans le texte on me répondait : Tout le drame moderne est là. Ce soir, devant ce spectacle, je me demande pourquoi.

GRAND JE. — Hier on mourait pour un blason, une femme, un drapeau. Désormais on meurt pour améliorer la netteté d'un film.

TU NERF DE LA GUERRE. — Attention ! La guerre n'est pas encore la troisième dimension du cinéma.

IL FOLÂTRE. — C'est pour cela que nous nous cherchons dans une bataille qui n'a pas encore eu lieu.

VOUS ASSIS À LA RECHERCHE DE VOUS DEBOUT. — Qui n'aura jamais lieu.

PETIT JE. — Pour un spectateur, c'est évident. (Vous êtes mort avant.)

VOUS ASSIS À LA RECHERCHE DE VOUS DEBOUT. — C'est bien, je joue le mort.

Il prend sa chaise et retourne dans la salle.

TU NERF DE LA GUERRE. — Ce n'est pas une partie de bridge... Croyez bien que pour un producteur, c'est une perte irréparable.

ELLE MASSMÉDIATE. — Pour un comédien, aussi. Ce qu'apporte un spectateur, c'est leur raison d'être.

IL FOLÂTRE. — Il doit y avoir les morts avec bataille, et les morts sans bataille. Nous n'arrivons pas à savoir dans quelle catégorie nous sommes.

NOUS IMAGE. — Peut-être aurait-il fallu trouver notre destin sur la pierre qui garde les camps. Rien que des chiffres et des nationalités. Pas de place pour les individus et leurs pronoms personnels. Une façon de voir le monde.

L'AUTRE JE. — Dans *Sur l'usine, le drapeau rouge on le voit mieux*, vous deviez être les porteurs de la classe ouvrière, et vous ne pouviez être que prophétiques. Qu'avez-vous répondu ?

Protestation des pronoms contre l'intervention de l'Autre Je.

GRAND JE. — Peut-être le moment est-il venu de répondre. *(Petit Je et Grand Je habillent le portrait-robot. Images et documents d'époque. Le portrait-robot évoque la silhouette de Rosa Luxemburg, donc les luttes à l'heure spartakiste.)* Le clap est fait.

NOUS SCRIPTE. — Depuis longtemps.

ELLE MASSMÉDIATE. — Le clap est fait mais tout le monde est perplexe.

GRAND JE. — Ce sera la bataille du langage.

IL FOLÂTRE. — Du langage politique en train d'agoniser, je crains.

GRAND JE. — Non ! La guerre du langage, celle menée (depuis combien de temps déjà ?) par Rosa Luxemburg sur les usines-barricades du spartakisme.

NOUS FLÛTEUR. — Aller chercher dans une usine ce que nous n'avons pas trouvé au-delà des Pyrénées, ni dans la forêt de la Berbeyrolle, ni dans les camps du Danube, c'est entrer dans l'ordre des frères mendiants.

GRAND JE. — Pourtant l'histoire de ceux que nous portons (et la nôtre) se jouent là.

NOUS SCRIPTE. — Sans grand changement pour nous… À chaque plan du tournage, nous dirons : « On a gagné. »

PETIT JE. — Et au montage nous dirons tous : « On a perdu » (je sais).

NOUS SCRIPTE. — Je voudrais ne pas perdre une seule fois dans ma vie.

Y ANNONCE DE RÉEL. — Seuls les oiseaux détiennent notre part de victoire.

IL FOLÂTRE. — C'est vite dit. Les mécaniques qu'on a soudées pour les imiter non seulement occupent leur ciel et leurs nuages, mais lorsque leurs migrations se croisent, ils les aspirent et les broient dans leurs réacteurs.

L'AUTRE JE. — Justement. Dans *Sur l'usine, le drapeau rouge on le voit mieux,* c'est le rossignol (même s'il n'existe pas sur le Saint-Laurent) qui a la parole. Celui que Rosa Luxemburg, en pleine guerre civile spartakiste, allait écouter à trois heures du matin, sans même se douter peut-être que la libération de tous les personnages dont nous sommes porteurs passait par ce chant.

GRAND JE. — Voilà. C'est comme ce rossignol que vous devriez chanter... En place !

PETIT JE. — Annonce... *(Personne ne bouge.)* La grève encore ?

ELLE MASSMÉDIATE. — La grève c'est précisément le sujet de *Sur l'usine, le drapeau rouge on le voit mieux.* Nous la devançons.

IL FOLÂTRE. — Dans les conflits sociaux la réalité n'a jamais rien apporté à la fiction.

GRAND JE. — En quoi les personnages que vous allez être posent-ils problème ?

ELLE MASSMÉDIATE. — Ils ne correspondent pas à notre époque.

PETIT JE. — À la mode vous voulez dire.

IL FOLÂTRE. — C'est quoi d'autre l'art des personnages que nous supportons ? Quelque chose qui évolue, suivant les modes, non ?

GRAND JE. — Quelles que soient les modes, on ne peut échapper à la société dans laquelle nos personnages vivent.

PETIT JE. — Non seulement il faudrait s'en échapper, mais s'opposer à elle.

TU NERF DE LA GUERRE. — Entendons-nous... le cinéma ne peut pas être un marginal.

L'AUTRE JE. — Mais les sujets qu'il traite, oui.

GRAND JE. — Dans les vieilles toundras du dictionnaire où circulaient déjà nos ancêtres, se mettent en lumière vingt-quatre individus lexicaux différents du substantif « coup », soixante-sept du substantif « main ».

IL FOLÂTRE. — Et les quatre-vingt-deux individus de « faire », une famille nombreuse de chez nous comme on n'en fait plus.

GRAND JE. — Ces individus (et leur emploi) ne peuvent être tels que par leur place et entourage dans la phrase, donc dans la société dans laquelle ils vivent.

TU NERF DE LA GUERRE. — Attention, nous nous enfermons dans la lexicologie, en ce moment.

GRAND JE. — Nous nous enfermons dans ce que nous sommes.

TU NERF DE LA GUERRE. — Entre nous, avez-vous jamais su dans quelle société vous viviez ?

GRAND JE. — Certainement plusieurs.

NOUS SCRIPTE. — Moi je vis dans une seule : la fédération.

PETIT JE. — Impossible.

NOUS SCRIPTE. — Le Québec n'est pas dans une fédération ?

L'AUTRE JE. — Vous vivez dans l'univers (même si vous l'ignorez), l'univers où tout se correspond, s'interpelle, se répond, se divise, se multiplie avec une commune mesure pour tous, l'arpentage des étoiles.

Applaudissements et rire de Vous assis.

VOUS ASSIS À LA RECHERCHE DE VOUS DEBOUT. — C'est la révolution.

Y ANNONCE DE RÉEL. — Si c'est la révolution, c'est que nous avons cessé d'être au Québec.

NOUS SCRIPTE. — Nous sommes où alors ?

NOUS FLÛTEUR. — Dans la pensée de Dieu. Nous en sommes les habitants. Le miracle ne cesse de nous entourer. Pas un jour d'émission radiophonique sans Vierge qui transpire. Pas de journaux sans Christ qui perd son sang sur une ou deux de leurs cent pages dominicales.

ELLE MASSMÉDIATE. — Juste ! Nous vivons dans ce pays-là aussi.

NOUS SCRIPTE. — Mais plus encore dans ce dans quoi le rapport script nous enferme.

L'AUTRE JE. — Vous êtes la seule à y être enfermée. La colonne didascalique, nous l'avons abandonnée depuis longtemps. Réveillez-vous.

NOUS SCRIPTE. — Me réveiller de quoi ?

TU NERF DE LA GUERRE. — Votre nationalité c'est mon personnage, les feuilles de salaire qu'il délivre à vos personnages. Nous n'avons qu'un seul pays : l'économie dans laquelle eux (et nous avec eux) sommes enfermés.

Il folâtre s'adresse à tous ceux qui viennent de parler.

IL FOLÂTRE. — Vous n'allez pas nous faire le coup de la rose et du réséda. C'est un tout autre poème que le nôtre.

Y ANNONCE DE RÉEL. — Et si on appelait la bataille derrière laquelle courent les personnages dont nous sommes porteurs, « lutte de classes » ?

NOUS SCRIPTE. — Ça n'existe pas au Canada. Ici, il n'y a que des services secrets.

VOUS ASSIS À LA RECHERCHE DE VOUS DEBOUT. — Vous parlez tous comme dans une réunion clandestine du Front de libération du Québec.

ELLE MASSMÉDIATE. — On y parlait comment ?

Y annonce de réel et Petit Je se postent sur une feuille de papier. Ils chantent.

CHANT DE LA RÉUNION CLANDESTINE

Notre pays
c'est Pratt and Whitney du Canada,
Stemberg le panier à salade,
Oerlikson boum-boum,
Desmanais Petroleum Canadian,
Geolfrion, Levesque,
Smith and Co, Clark reco and Co,
Nesbilt
et la braderie de l'Hudson,
Avec en plus leurs peanuts au suffrage engraissé,
Bourassa le serin des Simard,
Trudeau la tasse,
Hartford la marie-jeanne.

Ils sont interrompus par Nous scripte.

NOUS SCRIPTE. — La voilà la mort du langage.

TU NERF DE LA GUERRE. — N'hésitez pas à l'inscrire dans le rapport script.

Le chant de la réunion clandestine avec tous les pronoms (sauf Nous scripte).

CHANT DE LA RÉUNION CLANDESTINE *(SUITE)*
Ils ne se déplacent pas, et nous derrière eux,
des Pyrénées espagnoles
aux forêts du Massif central,
aux camps du Danube,
aux jardins de Berlin,
et à l'oratoire Saint-Joseph de Montréal.
Ils sont partout.

GRAND JE. — Le système est partout.

Nous scripte se précipite sur eux, leur arrache le papier sur lequel ils ont tenté d'écrire le poème, et le déchire. Pendant ce temps, Elle massmédiate demande aux Je (grand et petit) :

ELLE MASSMÉDIATE. — Nous sommes tous des citoyens du monde, alors?

PETIT JE. — De ceux-là il faut se désolidariser.

ELLE MASSMÉDIATE. — Je ne comprends plus.

NOUS SCRIPTE. — Si nous sommes logiques avec nous-mêmes, nous quittons ces lieux à l'instant même.

GRAND JE. — Ne sommes-nous pas dans un lieu public.

NOUS SCRIPTE. — Il fait partie du système. Question d'honnêteté.

GRAND JE. — Non, non, et non. C'est du chantage. *(Il se ravise.)* Et pourquoi, non? Je vous pose la question. Pourquoi non? *(Personne ne répond).* Préparez le matériel, les écrans et les feuilles de papier. Le poème s'écrira désormais où nous essayerons d'aller.

TU NERF DE LA GUERRE. — N'oubliez pas la corbeille à papier.

NOUS SCRIPTE. — Et vous allez où ?

PETIT JE. — Partout où nous pourrons échapper au système.

NOUS SCRIPTE. — Je reste au Québec.

Contre toute attente Vous assis à la recherche de Vous debout suit le mouvement d'évacuation. Il emporte avec lui sa chaise.

VOUS ASSIS À LA RECHERCHE DE VOUS DEBOUT. — Vous n'êtes pas encore sortis du système que vous mettez déjà le pied dans un autre. Le thème de divertissement le plus demandé par quarante-sept pour cent des téléspectateurs de la fédération, ce sont les histoires où l'on se donne la mort, les opérations suicidaires. Celui qu'on pourrait appeler le téléspectateur, c'est-à-dire le citoyen le plus important du pays, vous suit.

VI

Espace vide. Bruit d'ambiance de métro. Grand Je avec la lourde corbeille à papier (soutenu par Tu nerf de la guerre), Il folâtre, Elle massmédiate, avec les écrans, les deux Nous restants (flûteur et image) avec les pages du poème, Y annonce de réel avec le portrait-robot, l'Autre Je avec sa machine à écrire (petite), Vous assis à la recherche de Vous debout avec sa chaise, Petit Je, tantôt précédant, tantôt fermant la marche, débouchent sur l'entrée élargie du métro Berri de Montigny, qui fait suite aux galeries intérieures des rues Sainte-Catherine et Saint-Denis.

ELLE MASSMÉDIATE. — On prend le métro ?

NOUS IMAGE. — Même avec un matériel réduit, ça risque d'être difficile.

TU NERF DE LA GUERRE. — Le cinéma n'est pas un problème technique, c'est un problème d'idées.

GRAND JE. — Alors c'est ici ?

Y ANNONCE DE RÉEL. — Berri de Montigny c'est un croisement… Là où il y a le plus de passage.

PETIT JE. — Justement.

GRAND JE. — Nous avons trouvé l'endroit.

Petit Je bombe d'immenses « Non ! » sur les murs.

Y ANNONCE DE RÉEL. — Alerte à la machine à frein.

Petit Je s'arrête.

PETIT JE. — Ça c'est une bombe, et alors ?

ELLE MASSMÉDIATE. — On risque d'avoir l'administration métropolitaine sur le dos pour dégradation de matériel.

ELLE MASSMÉDIATE. — On s'en fout de l'administration.

TU NERF DE LA GUERRE. — Je m'en occupe.

Y ANNONCE DE RÉEL. — Vous êtes inconscients ou pas ? Nous sommes en train de détruire le bouclier d'ozone.

GRAND JE. — Quoi ?

Y ANNONCE DE RÉEL. — Le rayonnement piégé à la surface du sol... La terre transformée en autocuiseur.

IL FOLÂTRE. — Sur le Saint-Laurent...

PETIT JE. — Mais il n'y a pas un spectacle hors système qui ne détruise le bouclier d'ozone. La bombe c'est notre relation publique.

GRAND JE. — Notre expression...

NOUS IMAGE. — Forcez pas le talent. Pour l'éclairer ici, votre expression, il faudrait au moins, ici, deux groupes électrogènes.

NOUS FLÛTEUR. — Et même...

PETIT JE. — Et même quoi ?

NOUS FLÛTEUR. — On ne va pas jouer les « Movie Brats » au rabais avec les bruits parasites des rames, et des gens qui passent, le son aura son auditorium sur place, dans la corbeille à papier.

IL FOLÂTRE. — Heureusement qu'elle est là.

Grand Je montre les « Non » que Petit Je a déjà bombés.

GRAND JE. — Nous devons faire de ces « Non » des pronoms personnels.

Y ANNONCE DE RÉEL. — Sans pour autant détruire le bouclier d'ozone.

GRAND JE. — Bien sûr ! Sans être la cause de la cuisson de l'humanité à laquelle nous devons les grammaires.

VOUS ASSIS À LA RECHERCHE DE VOUS DEBOUT. — Vous à la recherche de Vous debout vous dit qu'avec Non, reconnu comme pronom personnel, nous deviendrons tous (surtout dans une station de métro) incompréhensibles.

GRAND JE. — Si nous le décidons, nous serons tous compréhensibles.

Petit Je amène une feuille de papier. Les trois Je prennent place pour chanter.

CHANT DU NON QUI VOULAIT ÊTRE UN PRONOM

Non ! pronom personnel
fait des mots d'ordre
entrecroisés de toutes
les révolutions d'Octobre
qui planent inachevées
sur le destin des hommes
et des grammaires.
Cécité des images,
gangrène des mots,
la bataille devenant
clandestine change de sens,
mais pas la guerre civile
qui meurt dans toutes
les coulisses de la parole
depuis presque un siècle.

Tous les pronoms s'immergent dans le poème.

Savoir dire Non
avant
de savoir dire Oui,
art de lire, écrire les lettres.
Destin,
qui fait des pronoms,
des verbes indicatifs,
mots par excellence
où se perpétue
la revendication
spartakiste
(en cris d'oiseaux),
bravant l'agonie des grammaires
et leurs personnages,

les preuves
dont ils étaient porteurs,
effondrées.

PETIT JE. — Le titre du film que nous allons faire ne sera plus *Sur l'usine, le drapeau rouge on le voit mieux* mais : *Non! pronom personnel!*

VOUS ASSIS À LA RECHERCHE DE VOUS DEBOUT. — Et que vont faire, devant cette révélation, les spectateurs décédés avant l'entracte, dont je fais partie ?

GRAND JE. — Ils ressusciteront !

TU NERF DE LA GUERRE. — Méfiance ! Un métro n'est guère prévu pour ce genre de manifestation.

Y ANNONCE DE RÉEL. — Peut-être que le Y que je porte est sans existence dans le monde toujours borné de la recette (est-ce un bien ? est-ce un mal ?), mais il existera sur le plan du poème, un poème à une seule voix de femme (combien seule…). Alors voilà.

Elle prend le petit écran pour un essai de cadrage. Tu nerf de la guerre tourne autour d'elle, énervé.

TU NERF DE LA GUERRE. — Doublez-la ! Partie avec ce genre d'exaltation, elle ne tiendra jamais la distance.

Y ANNONCE DE RÉEL. — De toute façon, ceux qui font des films ne sont jamais ceux qui font de la résistance.

Petit Je pousse Elle massmédiate aux côtés de Y annonce de réel. Il annonce.

PETIT JE. — Annonce : Non, pronom personnel.

GRAND JE. — Premier essai.

Y ANNONCE DE RÉEL. — Je suis émigrée dans mon propre pays. Ça a été le choix de mes mots, pas ceux d'une équipe de cinéma. D'ailleurs jusqu'à quel point suis-je émigrée ?…

GRAND JE. — « Tu es dans la prison de tes mots », te dira le metteur en scène, et il ajoutera : « Ce n'est pas pour diminuer les murs derrière lesquels tu te trouves, et devant lesquels, chaque jour, je passe. »

Y ANNONCE DE RÉEL. — Qui les mots enferment-ils ?

PETIT JE. — Stop.

ELLE MASSMÉDIATE. — Et moi ?

GRAND JE. — On continue.

TU NERF DE LA GUERRE. — Attention à quelle porte vous frappez. Un mot à succès fait recette au maximum pendant deux ans. Après c'est le déclin. Le mot « révolution », par exemple... Une tragédie... Et même en tant que tragédie, il ne rapporte plus rien.

PETIT JE. — Deuxième essai !

Y ANNONCE DE RÉEL. — Lorsque le chef opérateur allumera les projecteurs sur moi, il ne saura plus dans quelle prison je me trouve. Il croira que c'est toujours celle des mots. Et vous vous accorderez à dire que c'est celle de la détresse.

NOUS FLÛTEUR. — En fait, ce n'est pas la détresse. C'est l'éclatement qui a lieu sur chaque chose où nos appareils se posent.

Y ANNONCE DE RÉEL. — Le scénariste aurait voulu que je sois le chant du rossignol du Jardin botanique de Berlin que Rosa allait écouter à trois heures du matin, en pleine guerre civile. Je l'ai dit au scénariste : « Ce rossignol est dans tout ce que tu écris, et si ce n'est pas le rossignol, c'est la mésange... Alors, ras le bol ! »

Tu nerf de la guerre précipite le cours des choses.

TU NERF DE LA GUERRE. — Stop ! Troisième essai !... Passez tout de suite à la doublure.

ELLE MASSMÉDIATE. — Pour dire quoi ?

Y ANNONCE DE RÉEL. — Un film nous enferme toujours dans la marchandise et sa rationalité.

Fureur de Tu nerf de la guerre.

TU NERF DE LA GUERRE. — Que chacun prenne ses responsabilités.

Il va chercher une feuille de papier blanc, la dépose à ses pieds, s'y installe et chante.

LA CHANSON DES ORGANIGRAMMES

Autrefois, en noir et blanc,
les ouvriers séquestraient
les patrons des firmes cinématographiques
dans leurs propres bureaux.
En design, aujourd'hui,
la valeur numérique
de chaque point d'image
les a mis sur la touche.
Avec des nuages de particules
en constante agitation
déplacés,
effacés,
réinscrits,
les points d'image disent :
Le patron n'est plus le pouvoir.
Pour l'être, il lui faut
devenir organigramme.
Le marketing sera son prophète.

Tu nerf de la guerre commente.

TU NERF DE LA GUERRE. — Un organigramme, comme si pour exister dans la phase actuelle, le patron (comme un guérillero) avait besoin d'un nom de clandestinité. Cela dit dans le film que (pour des raisons partagées) ce qui correspond à la tribu grammaticale « Je ne parviens pas à faire », il doit être clair que j'en assume, non le pouvoir, mais la tragédie.

Y ANNONCE DE RÉEL. — Pour le conquérir, ce pouvoir, il faut passer à la lutte armée !

GRAND JE. — L'action armée n'a pas contribué à la guerre populaire, mais à sa liquidation. (Souvenez-vous d'octobre à Montréal.)

Y ANNONCE DE RÉEL. — Que les co-metteurs en scène sachent que, confrontés à leurs pronoms personnels, ils traduisent le dialogue que nous pouvons avoir avec la vie, autant de fois qu'ils pensent faire le film.

IL FOLÂTRE. — Ce que vous dites inscrit dans nos espaces laissés blancs, la dictature du conformisme, vous la continuez, même la scripte perdue.

PETIT JE. — Qui? Nous? Conformistes?

Y ANNONCE DE RÉEL. — Pronoms, occupez les écrans. Ce sont les lieux de rencontre de vos personnages, ils vous appartiennent.

Elle massmédiate et Il folâtre font une barricade d'écrans. L'empoignade se fera autour de la possession de ces écrans qui seront traversés et retraversés, pris et repris. Y annonce de réel cherche à mettre le portrait-robot à l'abri de la destruction. Mais comme sa possession n'intéresse personne, Y annonce de réel va se trouver en dehors de l'affrontement. Contrairement aux craintes qui s'emparent de Tu nerf de la guerre et des Je (autre et petit), Grand Je manifeste le plus grand enthousiasme.

GRAND JE. — Merveilleux! Nous tenons enfin le film! Celui qu'on ne parvenait pas à faire.

NOUS IMAGE. — Ces écrans sont le droit, et la propriété de qui?

Il est tiré par les comédiens de leur côté.

GRAND JE. — Caméra sur l'épaule pour que s'éblouissent dans son œil minéral les mots : droit au travail, à l'emploi salarié, à créer des valeurs d'usage, aux outils qui permettent de les créer.

PETIT JE. — Le porteur du personnage à la caméra est en face. Vous ne voyez pas?

GRAND JE. — C'est normal... souhaitable!... C'est la révolte des pronoms.

PETIT JE. — Et que fait-on?

GRAND JE. — Remplissez les postes vacants – et filmez.

L'AUTRE JE. — Attention! Ils vont tout casser.

GRAND JE. — Mais la révolte des pronoms, c'est ça notre film.

ELLE MASSMÉDIATE. — Alors, payez les comédiens.

TU NERF DE LA GUERRE. — Remboursez d'abord la casse. Ce n'est plus le matériel du système que vous détruisez. Le système, nous l'avons quitté.

IL FOLÂTRE. — Même sans argent, un pronom qui s'essouffle à représenter un producteur, c'est toujours le système.

NOUS FLÛTEUR. — J'arrête.

Il lance son bâton à Petit Je qui va assurer désormais l'image et le son.

GRAND JE. — Moteur! Ça tourne! Action!... C'est notre film.

Dans son lyrisme, il s'approche un peu trop de la barricade d'écrans. Il est assommé, et s'écroule. Les deux autres Je, et Tu nerf de la guerre, essayent de le ramener.

NOUS FLÛTEUR. — Ici les « Nouveaux Movie Brats »... La réinvention du film à grand spectacle...

IL FOLÂTRE. — La nouvelle guerre des étoiles.

D'un côté des écrans, on s'interroge autour de Grand Je qui revient lentement à lui. De l'autre, les autoproclamés « Nouveaux Movie Brats » essayent de mettre quelques paroles sur leur nouvelle guerre des étoiles.

LES NOUVEAUX MOVIE BRATS. — Return... Cancel... Back space... Page... Alt... Shift... Key.

Peu à peu se dessine la comédie musicale des écrans crevés.

— C'est toi grand vautour de feu?
— Salut, Virgin of Nicaragua.
— I have a blues qui me traverse. C'est le colonel North qu'il me faudrait.
— Il est allé se payer
un petit orage magnétique
contre les dirty comics
qui ne veulent pas que J.P. II

aille faire du skate-board
sur leurs fucking flower-beds.
À ta place je choisirais Rambo.
C'est l'église au-dessus.
Trois milliards de dollars,
rien qu'avec le merchandising
(trente-huit sociétés sous licence).
— Ça fait combien de sandinistes tués ?

L'AUTRE JE. — Mort le portrait du siècle. Il n'en reste plus que les robots.

NOUS FLÛTEUR. — Vous êtes des croyants... Ceux avec qui on fait les guerres et les massacres... C'est un ancien croyant qui vous parle.

Elle massmédiate se dénude la poitrine et se place devant les écrans.

ELLE MASSMÉDIATE. — C'est ça la vérité du cinéma. Vingt minutes après le générique. Sans ça il n'y a pas de film.

Elle est ramenée en arrière par Il folâtre qui roule par terre avec elle, et demande à Nous image :

IL FOLÂTRE. — Amène le poème, en dessous, qu'on y mette un peu de vérité.

Attaque éclair de Tu nerf de la guerre, suivi par les deux Je (petit et grand), l'Autre capte la bataille sur sa machine à écrire. Gestes de karaté contre gestes de karaté. Premier temps, les attaquants, dans une orgie de pronoms criés, s'emparent des écrans et repoussent la mutinerie au-delà de l'aire de jeu. Mais les mutins résistent. Deuxième temps, ils reviennent, et pied à pied s'emparent de nouveau du contrôle des écrans. Ils y installent les paroles supposées incantatoires de la nouvelle conquête des étoiles. Return. Cancel. Back space... Page.

LES NOUVEAUX MOVIE BRATS. — La nouvelle guerre des étoiles. Communiqué : C'est officiel, je m'installe avec Rambo. Millions de spectateurs. Milliards de dollars. Le cinéma, s'il ne veut pas mourir a besoin des « Nouveaux Movie Brats ».

> *Ils se dispersent en emportant les écrans. Grand Je s'adresse en secouant la tête à Y annonce de réel qui n'a pas bougé.*

GRAND JE. — S'il ne veut pas mourir...

L'AUTRE JE. — Effacez ce qu'ils viennent d'écrire. *(Petit Je s'empare de la feuille de papier utilisée par les mutins.)* Détruisez la partie malade...

> *La feuille est déchirée en petits morceaux. Grand Je va chercher la corbeille à papier et donne le signal de la retraite.*

TU NERF DE LA GUERRE. — Rapport script.

PETIT JE. — Il n'y a plus de scripte.

TU NERF DE LA GUERRE. — Mais son rapport reste.

PETIT JE. — Que dois-je noter ?

TU NERF DE LA GUERRE. — Que nous changeons d'endroit, celui-ci étant encore beaucoup trop imprégné du système.

> *(Y annonce de réel, consciente de ce qu'elle a déclenché, essaye quand même de s'intégrer avec son portrait-robot au mouvement d'exode. Tu nerf de la guerre l'exclut.)*
> « Non ! Pas toi. »

VOUS ASSIS À LA RECHERCHE DE VOUS DEBOUT. — Eh ! Attendez ce n'est pas encore la clandestinité que je sache.

> *Y annonce de réel se met dans son sillage.*

VII

Grand Je et Tu nerf de la guerre, avec la corbeille à papier, Petit Je avec les bâtons (en plus du sien) de Nous (image et flûteur), l'Autre Je avec sa machine à écrire, font leur entrée dans le hangar désaffecté de la pointe Saint-Charles (nord Montréal). Vous assis à la recherche de Vous debout, et sa chaise, Y annonce de réel et son portrait-robot suivent à distance.

VOUS ASSIS À LA RECHERCHE DE VOUS DEBOUT. — La pointe Saint-Charles? Que pourrez-vous y faire?... Ce n'est même pas un quartier mal famé.

GRAND JE. — Un quartier où les hangars (comme celui-ci) l'emportent par moments sur les maisons, n'est pas forcément un quartier mal famé.

Tu nerf de la guerre hausse les épaules.

TU NERF DE LA GUERRE. — Un lieu excentrique en état de récupération. Le quartier Soho à New York en est l'exemple. Nous précédons simplement les galeries d'art et les appartements design qui ne sauraient tarder.

PETIT JE. — Il y a quand même ce qu'il faut pour les cigales sans fourmis, à court de fables, que nous sommes... pas encore tout à fait démolies... Pourquoi nos images sont-elles toujours destinées à la mise à mort?

GRAND JE. — Normal. C'est le travail obligé d'une culture qui change. Aucune culture ne résiste à sa promotion, aucune vérité à sa vérification.

TU NERF DE LA GUERRE. — Et si c'était parce qu'à partir d'un certain seuil, l'Histoire n'a plus de réalité. Cette réalité, l'homme (sans le savoir) l'a abandonnée depuis quelque temps déjà, à travers ce qu'il croit vivre.

GRAND JE. — Nous avons pris un parti.

Y ANNONCE DE RÉEL. — Certainement pas le parti des personnages dont nous sommes porteurs.

TU NERF DE LA GUERRE. — Vous êtes encore là ?

L'AUTRE JE. — C'est un succédané de comédien, le seul qui nous reste : faut pas être trop exigeant.

Y ANNONCE DE RÉEL. — Vos exigences de pronoms, quel que soit le personnage, sont toujours aussi limitées.

GRAND JE. — Décidons. Ceux qui pensent que nous ne sommes que les fantômes d'une bataille qui n'est ni le Soho, ni le métro Berri de Montigny, ni peut-être même la pointe Saint-Charles, mais une contrainte pour nous de trouver une terre, levez la main... Personne ne répond ? Alors, plus radicalement encore, sommes-nous une hérésie ? Sommes-nous la fin de l'Histoire ? Et dans ses marges, la fin de la politique ?... Personne ne répond ?...

VOUS ASSIS À LA RECHERCHE DE VOUS DEBOUT. — C'est à moi que vous parlez ? Que dois-je vous répondre ?

GRAND JE. — La réponse, vous l'avez déjà faite. Une réponse de pronom spectateur.

VOUS ASSIS À LA RECHERCHE DE VOUS DEBOUT. — Quand ça ? Dans le camp autrichien d'avant l'entracte ?

GRAND JE. — Dans ce qui l'a précédé. À l'époque où les militaires autrichiens tiraient au canon sur le prolétariat des quartiers de Vienne la Rouge. Aujourd'hui, dans les mêmes quartiers, les militaires jouent l'opérette *La Non-Classe nue de ses vertus prophétiques*, et les ex-prolétaires, devenus les propriétaires de cette nudité, applaudissent.

VOUS ASSIS À LA RECHERCHE DE VOUS DEBOUT. — Qu'est-ce que vous cherchez d'autre dans ce hangar, si ce n'est des ex-prolétaires devenus propriétaires ou qui croient l'être ?

TU NERF DE LA GUERRE. — C'est vrai. De quoi d'autre est fait Montréal le jour où il va aux urnes ?

L'AUTRE JE. — Vous délirez tous. C'est *Sur l'usine, le drapeau rouge on le voit mieux* que vous essayez encore une fois de mettre en scène. Montréal n'est là que pour l'exotisme. Ces paroles, je les ai déjà déposées sur le bureau de chômage (j'allais dire) universel. Mais, plus grave encore, en ce qui nous concerne : il n'y a plus de poème. Il s'est peu à peu englouti, lors de nos rencontres sur ces pages blanches. L'ont abîmé tous ces mots dont nous avons fait des surnuméraires de la production sociale, des chômeurs virtuels ou permanents. Inutile de répondre, votre réponse je la connais déjà... L'heure des pronoms, des grandes camaraderies lyriques est révolue.

Y ANNONCE DE RÉEL. — Alors, vivent les grandes camaraderies lyriques !

TU NERF DE LA GUERRE. — Avant de crier : Vive le roi, il faut annoncer : Le roi est mort.

GRAND JE. — Ainsi l'inaccompli ne cesse de s'inaccomplir.

TU NERF DE LA GUERRE. — Le scénariste n'est pas un prophète.

L'AUTRE JE. — Le scénariste n'est plus un prophète.

Y ANNONCE DE RÉEL. — Les prophètes nous ont abandonnés... Ils sont partis avec les « Nouveaux Movie Brats ». En ce moment, ils doivent être en train de prophétiser : « Ce n'est pas moi qui... »

GRAND JE. — Il fallait que...

TU NERF DE LA GUERRE. — On n'a pas le choix.

PETIT JE. — Et puis tu sais.

L'AUTRE JE. — Me voici passé de Je (l'Autre Je) au Tu des grandes camaraderies lyriques, désormais interdit de séjour sur la page d'un poème possible. Avec le Tu des grandes camaraderies lyriques, part le tutoiement. Toute une façon d'écrire.

Tu des grandes camaraderies lyriques et sa machine à écrire se retirent. Aucune émotion chez les autres.

Y ANNONCE DE RÉEL. — Nous n'avons plus de scénariste.

PETIT JE. — Nous improviserons…

Y ANNONCE DE RÉEL. — Autre chose que *Le Drapeau rouge sur l'usine ?*

GRAND JE. — Ce sera encore *Non*, mais *Non II*ᵉ – comme pour un pape ou pour un roi. Une façon de rester fidèles à nous-mêmes. *(Il explique sa mise en scène, répartissant dans l'espace prolétaires et militaires.)* D'un côté les militaires et leur musique. De l'autre les prolétaires de Vienne la Rouge.

Y ANNONCE DE RÉEL. — Ce sont ses mots (les propres mots du scénariste englouti) que vous allez jouer.

TU NERF DE LA GUERRE. — Que nous soyons pris dans la grande spirale du temps n'entre dans aucun scénario. Notre naissance à l'impossible commence chaque matin.

GRAND JE. — Ici le champ… Ici le contrechamp… Musique !
Les prolétaires : « Le prolétaire a cessé de l'être. C'est une belle promotion qu'il ne doit qu'à lui-même. Au lieu de briser ses chaînes, il s'est brisé en tant que prolétaire. »
Les militaires : « Jamais plus nous ne tirerons sur vous. Nous sommes venus vous demander pardon. Et nous avons apporté la musique. Les Viennois, de quelque quartier qu'ils soient, ont la musique dans le sang. »
Les prolétaires : « Musique. Incapables de transformer le monde, on a changé la vision qu'on en avait… C'était notre boulot après tout. Nous on est faits pour vivre heureux. »
Les militaires : « Autrefois, en tête des défilés, il y avait le prolo. Il était révolutionnaire, par destination, et nous tirions sur lui. Les mots ont été saignés à blanc, mais il reste la musique. Jamais plus nous ne tirerons sur vous. Ce serait détruire la marchandise et sa rationalité. Aujourd'hui, tirer, c'est détruire tout ce qui s'écarte de la norme. »
Les prolétaires : « Il n'y a qu'à regarder où on met les pieds, et l'opérette pourra continuer. Musique. C'est clair ? »

> *Pendant le monologue de Grand Je, Y annonce de réel s'est jetée dans la corbeille. Puis Tu nerf de la guerre l'a suivie.*

PETIT JE. — Il faudra compter deux pronoms en moins… Suicidés.

GRAND JE. — Comment ont-ils pu ?

VOUS ASSIS À LA RECHERCHE DE VOUS DEBOUT. — Entre un poème et la cellule d'Andreas Baader à Stammheim, il y a quand même une différence.

GRAND JE. — (Cher Tu…) C'est fragile un pronom personnel, surtout lorsqu'il est pris dans les tumultes de l'histoire et du cinéma réunis.

PETIT JE. — L'histoire a peut-être abandonné la réalité.

VOUS ASSIS À LA RECHERCHE DE VOUS DEBOUT. — Ne plus être historique (même pour un spectateur), vous n'y pensez pas.

GRAND JE. — Nous devons continuer.

Petit Je cumule le son et la caméra.

PETIT JE. — On place la caméra où ?

Grand Je va chercher une feuille de papier blanc et la place sur la corbeille à papier.

GRAND JE. — Là. Et on tourne en continu.

PETIT JE. — Quoi ?

GRAND JE. — Le poème.

PETIT JE. — Cette page blanche ?

GRAND JE. — Oui, nous allons filmer une page blanche.

Baisse des lumières jusqu'à ce qu'il ne reste d'éclairé que la page. Dans le faisceau, une plume d'oiseau descend lentement des cintres.

PETIT JE. — Regardez ! Dans le ciel… Le passage des oiseaux.

La plume finit par se poser sur la page blanche.

Table des matières

PRÉFACE

Inventer le feu de toutes pièces 7
Il m'a semblé que le poème était une façon de s'enfermer sur soi 9
Être soi c'est se condamner à la mutilation 12
Apprendre à un film à circuler sur des pages blanches 15
La bataille du siècle 17
Ce film, n'était-ce pas la mort de *L'Internationale*? 21
Le poème de cet exode-là 24
Le paradoxe Durruti 28
Le combat est toujours multiplication 30
Que peuvent les images? 32
Cette page blanche? 34

POÈME CINÉMATOGRAPHIQUE ET SES PRONOMS PERSONNELS
DONT LE TITRE POURRAIT ÊTRE L'INTERNATIONALE

Demande... 39
Le scénario, trajet du Je / Jeu 46
Tournage où brûler le cadavre terroriste d'un futur qui a vieilli 50
Tournage avoir contre tournage être 61
Le tournage de l'oiseau mort 72
Place des appels 76
Le tournage (suite) 82
Le film du dialogue supposé 83
Tournage toujours inachevé dans un pays hypothétique 89
Courts-métrages illustratifs 98
Le montage 102
Les gares brûlées 106

ENTRETIENS AVEC LE POÈME CINÉMATOGRAPHIQUE
ET SES PRONOMS PERSONNELS
MENÉS PAR TROIS VILLES, PARIS, BERLIN, BARCELONE,
UN VILLAGE DES COLLINES DU PÔ, PIANCERETTO,
UN CAMP DE CONCENTRATION, MAUTHAUSEN,
ET UN NON-LIEU, MONACO

I
Je, page zéro de la grammaire 113
II
Elle, pronom généalogique 118

III

A. Tu, à titre d'exemple 124
B. Tu, otage de la narration 127

IV

A. Le Nous des révolutions perdues 129
B. Je encaserné 130
C. Il, le passeur 131

V

A. Il x Ils, venus du fer qu'on bat 135
B. Je, Tu, Nous, Vous, Ils sans lexique 136
C. Les pronoms quadruples 137
D. Nous à l'interrogatoire 137
E. Tu autobiographique 138
F. *Descente…* 138
G. Je + Tu + Ils + Elles + Nous + Vous au carré 139
H. Vous expiatoire 140
I. Pronoms-dialogues : Nous, Vous 141
J. Les pronoms à l'alignement 142

VI

A. Le voyage posthume de Il 143
B. Elle, partie chantée de la baleine 145
C. Je de solitude 146

VII

A. Nous coupé en deux 147
B. Le Tu innombrable 151
C. *L'aigle…* 153

LE PASSAGE DES OISEAUX DANS LE CIEL

I 159
II 186
III 199
IV 211
V 224
VI 237
VII 247

Chez le même éditeur
Œuvres théâtrales

Raymond Lepoutre
ERNESTO PRIM
POST ET SUPER
Préface de François Regnault

Hugo von Hofmannsthal
L'HOMME DIFFICILE
Traduit de l'allemand par Jean-Yves Masson

Mario Luzi
LIVRE D'HYPATHIE
Traduit de l'italien par Bernard Simeone

Imprimerie des Presses Universitaires de France
73, avenue Ronsard, 41100 Vendôme
Imprimé en France
pour Verdier Editeur
Octobre 1997 — N° 44 735

Magiczne lato

Aleksandra Tyl

Alicja samotnie wychowuje siedmioletnią Matyldę. Córka bez przerwy choruje, ma obniżoną odporność. Za radą lekarki wyjeżdżają na wieś, żeby dziecko zmieniło klimat i z dala od smogu miasta nabierało sił. Zatrzymują się u dalekiej ciotki – Józefiny. Alicja dopiero na miejscu dowiaduje się, że staruszka para się zielarstwem, a jej specjalnością są miłosne eliksiry. Mimo że dziewczyna początkowo nie wierzy w magiczną moc ziół, a do zajęcia ciotki podchodzi z dystansem, to jednak przychodzi taki dzień, kiedy pokusa skorzystania z mikstury jest wyjątkowo silna…

Powieści obyczajowe
oraz polska proza współczesna

Wydawnictwo Prozami

www.prozami.pl